37個練習讓你找到生活好感覺，
掌握做好家事的技巧

再忙也能有好生活

葛晶瑩（阿妮奇）——著

1

「為自己辛苦為自己忙」
努力工作後要追尋更好的生活品質

再忙，也要懂得過生活

認真追求生活品質的人，會發現工作上的瓶頸能自然突破，因為從生活中找到靈感、身心獲得休養後更有幹勁；也或許是當對生活品質有期待後，再去面對工作時，心理能更加平衡。

2

只要點燃火種
每個人都可以成為自己的生活教練

提供一把入門的鑰匙

每個人的狀況與環境不同，不可能一種方法大家適用，利用「生活教練」的概念，像健身房教練那樣一對一為健身者設計課程。選手們經過練習，都能成功，甚至發光發熱，比教練還厲害。

5

利用方法、管理、工具
讓生活更 SMART

懂得管理，家事更有效率

做家事需要方法，利用工作上的管理技巧可以事半功倍，例如用專案管理的概念、用便利貼來管理待辦事項清單，用心智圖來計畫購物……把所有的步驟與細節分別寫下，讓生活更 SMART。

6

讓做家事成為一種顯學

賦予家事新意義

做家事的意義不僅止於工作本身，還包括親子教養、生活常識、心智歷練等內涵，這些能力可以從家庭推展到工作，並將觀念從生活延伸到人生，讓我們突破傳統價值觀，賦予家事新意義。

Coaching Your Life

4

擁有平凡
卻能讓身心更安頓的日子

獲得心靈的安頓與療癒

專心過生活是有療癒功效的，這是親身體驗，現在也正在實踐，專心料理、專心種花都是抒壓的好方法。回到家後，過簡單的生活，自然能舒展身心，也更有力量可以回歸工作，繼續奮鬥。

3

會過生活的人都有超能力
只是自己沒有發現

會過生活的能力者

即使上菜市場買菜這種看來小而普通的事，都蘊含著思考、企劃、創造、判斷、管理與解決事情等能力。這些能力蘊藏在生活中，端看有沒有用心體會與貫通。會過生活，其實也是一種能力。

8

不要期待生活一下子會改變
持續的進行更重要

按部就班慢慢來

好生活的目標是什麼？只要讓生活品質比現在好，然後慢慢地越來越好就是了。如果期望太大，達成會有困難，不就又是種壓力了嗎？很多事情無法一蹴可幾，生活更是如此。由淺入深，持續去做最重要。

7

多練習過生活
就會擁有讓人羨慕的日子

練習，找到生活好感覺

每一個課程都可以說是一朵花，找一朵最喜歡的開始欣賞，最後能擁有一片花園，人生充滿芬芳。把許多生活中的事件分成獨立單元，然後從點到面，透過自我練習，找到生活的好感覺。

好生活，只要比現在好，慢慢地就能越來越好，一天比一天更好

“關於生活，一直都是無止境的學習。”

許嘉鴻（台灣角川雜誌編輯總監）

過去，透過閱讀文字，就能走進作者筆下的豐富景緻；現在藉由晶瑩的生活設計，提升品味、感動自己，其實一點也不難。要成為自己的生活教練，重點是保持思路清晰、善於觀察周遭。所以，生活中偶爾要仰望藍天、凝視夜空，我們的身邊不只有藍綠，還有更多創意無限的美好日常，等著我們與它心靈相契！

看看晶瑩、想想自己。生活其實不應該這麼無所適從，她說：「即使工作再忙，也要懂得生活。」我虛心受教。每個人都有旅行經驗，當事後回憶旅途的美好時，你記起了哪些？走馬看花、瘋狂血拼，往往是過眼雲煙。日常中有時候必須慢慢走，才能看見平常看不到的事物、景色，發現身邊美好的感動，找回最純粹的快樂。

正如同晶瑩所說，「改變生活，就能改變人生。」任何情況下自己才能決定生活步調的快慢，因為自己才是生活的主人。從現在起，不要再忽略「生活」了。

“甜蜜狠角色。”

周一樹（MOOK墨刻出版資深攝影）

認識晶瑩已超過20年了，從當初共騎一輛機車一起採訪，到後來升級為全能派遣女王，每一個階段她都過得無比充實與勇敢，豐富的工作經驗養成她的效率與敏銳，總能一針見血地點出體制問題，直搗核心，讓人又愛又恨。

在此同時，感受性豐富的她，又能在每日看似重複的生活中找到細微的樂趣，慢慢將自己蛻變成為具備「宅特色」的DIY與家居生活達人，輕緩低調卻又引人入勝地引領著我們這一輩的生活潮流，甚至是在連「宅」這個詞都還沒出現的時候。

三年前家母過世後，把住高雄的爸爸接來台北調養，為了幫忙不善家事的我，且秉持著「給我飯吃不如教我煮飯」的原則，晶瑩親自帶著食譜和材料，到家裡教我做韭菜盒子和炸醬麵，讓我們一家溫飽之餘還學得一技之長，真是既溫馨又精準！老朋友不就是應該這樣嗎？而這也正是我所認識的晶瑩，一個甜蜜的狠角色。

「我們都值得美好的生活。」

陳彥融（自由工作者・曾任Yahoo!亞洲區財經網站產品經理）

認識晶瑩很久了，我們曾在網路公司共事過，也同樣帶領產品專案。看到晶瑩在新書中融入專案管理技巧，令人會心一笑。除了網站專業外，我最佩服晶瑩的是這位「生活美學」專家，從手作設計、文字撰寫、美術攝影，到園藝植栽、室內布置、烹飪料理，樣樣都有非常精彩的表現，常被我們戲稱為「生活家事小精靈」。每每在忙碌的工作之餘，休息片刻，瀏覽晶瑩的文章，總能重拾生活中的點滴美好。

聽到晶瑩「生活教練」的提案，立刻迫不及待地報了名，領著小孩一起學做布丁蛋糕。就如同她在書中所講的，沒動手之前總覺得很複雜，踏出了第一步後，才發現也沒有想像中難。

渾渾噩噩日子很快就飛過，但這不代表我們真正生活著。細膩去感受如何吃、如何住、如何生活，簡單的事物也會充滿樂趣。我們都值得美好的生活，就從打開這本書開始吧！

「懂得生活，才能創造更大的價值。」

陳文剛（台灣使用者經驗設計協會監事）

懂得生活，才有可能做出好設計。在設計界打滾十餘年，見過千餘名設計師；在這當中的每位設計師都經歷過良好的美感訓練，但是能真正做出頂尖設計的人並不多。我一直很好奇，是什麼關鍵因素，能夠讓專業設計師更加出類拔萃？

回頭想想，這些有能力做出絕妙設計的少數人，幾乎都很懂得過生活。他們的日常起居充滿了實驗跟想像，每一餐都是一次冒險，家中的每一個角落都充滿了扎實細膩的生活感。遇到困難，就用設計方法去解決；感到無趣，就把家裡整個翻過來，重新賦予新意。從來不無聊，也從來不滿足，就是這一群頂尖設計師的最佳寫照。

其實，懂得生活不是設計師的專利。能夠好好過生活，才有能力出門去解決更大的問題，創造更大的價值。這本書，正是一本教你好好過生活的實務好書。

逆轉人生的幸福推手。

許書敏（六福村主題遊樂園行銷公關部副理）

阿妮奇就是有這種魔力，面對我們這些平凡人眼中枯乏無奇的日常瑣事，透過她獨特的見解跟巧思，總是能夠再次化腐朽為神奇。諺語常道：「觀念對了，事就圓了；方法對了，成功即在不遠處。」身為阿妮奇的狂熱信徒，我清楚看到書中傳遞的就是這種追求美好的生活態度跟描繪幸福的方法。

美好人生，需要靠生活日常經營，絕不會是一蹴可幾，但也不至於太過困難，花點心思跟著幸福推手阿妮奇Step by step，學習轉化生活當中的廢柴，為幸福重燃熱情溫度，同時也為自己與周遭所愛的人，重新尋回美好人生的幸福感動時分。

這本書獻給對於未來茫然但仍存有美好憧憬的妳／你，逆轉人生操之在己，就從現在開始！

這本書亦強烈推薦給每對即將共組家庭的準新人，絕對是每對新人都該擁有的Wedding Gift。

風格女巫的白魔法。

阮嵐青（魅麗雜誌副總編輯）

這幾年書市流行各種「風格生活」，但「風格」到底如何形成？若不是像阿妮這樣，如松鼠般忙碌著各種生活點滴，對細節好奇且注重，追根究柢去拆解每個因為所以，日復一日時時刻刻實踐，找到自己最順手的流動，我想是無法成形的。

日子要怎麼過，是門大學問，所謂「媳婦熬成婆」熬的不只時間，更是理家治家的智慧。有人說：「不會煮飯做家事有什麼關係？請人來做就好。」大錯特錯！很多事情自己不會做，請別人協助也會撞壁，不懂方法，連指導棋都不知從何下起。

葛阿妮在我眼中，是個會使白魔法的女巫，古靈精怪的想法被她捉住，就成為日常腳踏地的一部分，書中這些看似輕巧簡單的動作，都是她千錘百鍊後的精華。有緣成為她認證「真懂她的人」之一，我拍胸推薦《再忙也能有好生活》：一本幫助大家把居家瑣事，轉換為化解人生阻礙的能量，並且溫暖每一個人的光之秘笈。

幕後直擊

到府教學的某一天

圖片提供／周一樹

只動嘴教人做菜看起來狠，但「忍」住不出手是很辛苦的，所以，最難的調麵糰做完後，就手擦擦交給學生動手揉麵了。

1

2

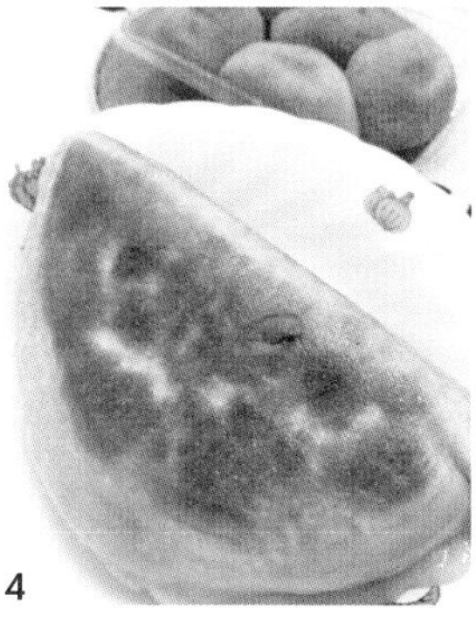

1. 韭菜完全是學生切的，沒切到手，及格！
2. 炒炸醬，也能輕鬆上手。
3. 吃自己做的料理，充滿幸福感呢。
4. 學生後來自己做的韭菜盒。

4

3

“改變生活，就能改變人生。”

「寫本書吧！」

這幾年來，只要咖啡廳坐定，聊著聊著，對面的人多半會冒出這句話。然後我磨磨蹭蹭的拖著，雖不至於對出書有畏懼，但看看出版市場五花八門，卻不知道自己還能寫些什麼？然而一次次的鼓勵與催促，還是會在心中埋下種子，生根發芽，自然而然就結出了果。

生活書是大家對我的期待，但過著平凡小日子的我，能跟大家分享什麼事情呢？我的肚臍眼兒[註]自認不是很精彩，部落格、臉書寫寫還行，如果要出書會心虛，白紙黑字要請大家花錢買回去，總得要有益於讀者。

不做老師，做教練

翻翻近年來我在雜誌媒體寫的專欄文章；觀察、參與了周遭朋友的生活；加上自己的小願望：想讓大家都能體會過生活的樂趣，多點時間在家裡或者陪伴家人，自己動手做更健康的料理，擁有平凡卻能讓身心更安頓的日子。或許，我可以帶著大家踏入「過生活」的世界，即使很忙、即使沒時間、即使不會……，只要心有所願，透過一些方法就能達成。

但由於每個人的狀況與環境不同，不可能一種方法大家都適用，於是，我想到了近年來漸漸盛行的「生活教練」。稱之為教練，主要是像健身房的教練一樣，是一對一的

註：出自張愛玲，意指只有自己有興趣的瑣事。自己瞪著肚臍，還要想辦法讓別人一起來看，後來稱這種文章為肚臍眼文學。

為健身者設計課程，而不是一個專業老師對多個學生同時教授相同的內容。選手們經過練習，都能成功，甚至發光發熱，比教練還厲害。

「生活教練」在歐美已經發展一段時間，是非常正式的職業，如同企業顧問、心理醫師般存在，協助人們整理規畫自己的生活，例如家庭問題、個人理財問題，或者學料理、談戀愛等，都能找到專業的教練協助，主要的做法是設定目標、督促行動。許多事業上有所成的人，其實在生活方面卻非常無力，也會影響工作的表現，因此，生活教練被菁英人士重視，漸漸蔚為風潮。

聘請生活教練對於一般人而言十分昂貴，所以在本書中，我藉由生活教練的概念，設計了一些簡單的、較軟性的生活目標，讓想要提升生活品質卻不知如何著手的人，有一把入門的鑰匙，並藉由自我練習、跟朋友切磋而成長，達到「做自己的生活教練」的目標，不用花錢，但獲得的成果無價。

過日子是簡單也不簡單的事情

過生活看起來是一件很簡單的事情，但要過得好，卻不簡單。

基本上，我覺得即使上菜市場買菜，這件看來小而普通的事情，都蘊含著思考、企劃、創造、判斷與解決事情等能力。這些能力就蘊藏在生活中，端看有沒有用心去體會與貫通。每每思考至此，還滿竊喜原來自己的風花雪月、拈花惹草還算有用。

以我母親那一代而言，在生活上的種種事情，多傳承於父母，例如家事料理，孩子們會被要求要幫父母做家事，而在其中自然而然潛移默化，不需要特別學習；現今年輕一代大多遠庖廚，甚至灑掃應對進退都陌生，雖不知家庭生活教育缺乏對於人的成長、成熟有多少影響，但是卻可以看到許多人放假時茫茫然，沒有屬於自己的生活重心與休閒習慣，於是大多數人會外食聚餐、去風景遊樂區玩耍，一個假期就如此度過。

出門遊玩應該只是生活的一部分，其他時間還是要做安排，雖然安排休閒時光是另一門學問，但見微知著，如果能妥善安排生活的人，必定在事業上也有一番想法與作為，這也是我覺得即使工作再忙，也要懂得生活的另一個原因。

為了確認這些事情，除自身的觀察與經驗外，我還拜訪了一些朋友，了解不同家庭的模樣。我相信，只要點燃火種，每個人都可以成為自己的生活教練，從小處練習，熟練上手後，生活就能改頭換面。或許這週邀朋友來家中吃自己做的料理、下週逛逛花市，年前全家一起大掃除外，還能自己動手油漆牆壁……，如此一來，假期結束會更有成就感，返回工作崗位時，心情亦會不同。

從專心簡單生活中得到心靈療癒

當我將想法透露給出版社時，他們給了我另一個目標：希望能療癒處於壓力中的現代人。在不景氣的時代，人們每日汲汲營營於工作，一方面無法顧到過生活，另一方面

別小看桌上一盆花，能改變環境，進而改變人生。

則是缺乏壓力宣洩的出口。如果能在日常生活中找到寄託，就能解放工作壓力。藉由自己動手做料理、種菜等事情，可以食用更健康的食材，緩和社會上總是爆發黑心食品事件帶來的憂慮；而如果能花些心思投入家事，或許還能找到節省家用的方法，因應不景氣的時代。最後或多或少都能獲得心理上的滿足與寬慰。

的確，專心過生活是有療癒功效的，我曾親身體驗，現在也正在實踐，更重要的是能從中獲得啟發與靈感，回饋於工作與人生。因此，即使野人獻曝，也想為需要的朋友們寫下這本書。

記得曾經看過一個寓言故事，有個生活糟糕且家裡骯髒的人，某一天收到一朵朋友送他的鮮花，他看著美麗的花，覺得應該要插在水瓶裡，於是找出一個瓶子洗淨插上花；但放花的桌子很髒亂，一點也不相配，他動手整理了桌子；環顧四周又發現應該把房子整理一下，才配得上這朵花……接著整個環境都煥然一新，主人翁的心境因為這朵花而更積極向上，也因此改變了人生。

這本書中每一個課程都可以說是一朵花，找一朵最喜歡的開始欣賞，希望大家最後都能擁有一片花園，人生裡充滿芬芳。

目錄 Contents

part 3

家事 House work

除了公主與女王，凡人很難逃得過做家事。
設立自己的家事目標吧。

164
170

part 4 布置 deco

part 5 綠意 gardening

part
1

▼

概念

過生活是需要練習的，

一天比一天進步就能擁有。

“每個人都有自己的生活方式。但是，方法卻是共通的。”

俗話說：「一個廚房容不下兩個女人。」

這句話我是這樣解讀的：別說是婆媳，即使是母女，在生活方式、習慣上都會有所不同。

而廚房是生活方式與習慣烙印最深刻之處，碗盤物件的擺放、工作動線的設計、料理的流程……，每個人都會建立自己的習慣，也都會有些許不同，因此，廚房就成為一個不可撼動的領域，一旦被改動，就會使得整個作業不順利。

當女王的權威被挑戰，後果大家都能想像。這句話所涵蓋的意義似乎非常廣，但在此就先做生活上最基本的理解：每個人都會有自己的方式與習慣，即使親如母女、姊妹都會有所不同。

共通的方法與獨特的方式

這種「不同」在我教園藝課程時，有了更深刻的體驗：每個人家中的環境、作息時間、個性與習慣都有所不同，造就一百個人可能會有一百零一種綠生活。如果要讓來學習的朋友，回到自己日常所處的環境中，還能繼續以綠意美化家庭，那麼教學的方法一定要改變，要更有彈性，讓大家學會根據自己的需求靈活調整。不單只是學到照顧植物的方法，而是帶回一套適合自己的綠生活組合，只要勤加練習，累積經驗，就能擁有綠拇指。

我有個朋友去上了一堂法式料理課，當天覺得很有成就感，是個美好的經驗，心想或許日後可以常常自己動手做料理，但回到自家廚房後，她並沒有完成心願，連在烹飪教室學的那道菜好像都沒再做過。

我說，「妳搞錯方向了，想要經常自己做菜，是要改變妳的生活，並不是學一道菜，而且妳還學異國料理，別說生活方式了，根本就是另一種文化，從材料到器具可能都是另一套。一道菜或許能激起妳料理的熱情，但若不能融入妳的生活，那就只能當作一種體驗。想要常常做菜，要能夠持之以恆，是需要從長計議的呀！

「首先，要懂得一些可以融入生活的料理方法，必須簡單、不花時間，這樣才比較不會厭煩，因為我看太多三天打魚，兩天就把網收起來的人了，然後繼續外食的生活。當妳懂得很多方法時，多做幾次，就能變成自己的方式，才能持之以恆，成為習慣，此時，妳的廚房也應該容不下另一個女人了。」

後來，我只幫她「認清」自己的時間、環境，一起討論如何採買、儲藏食材，然後找適合的食譜，帶著她實習了幾次。在懂得基本的烹飪方法後，她靠著自己練習，找到真正的自信。

之後三不五時就會收到她傳來今天做了什麼菜的訊息。我相信她已經有了一套屬於自己的料理方式，而我「冷眼旁觀」加上「冷言冷語」的教學，應該比教她做幾道菜還實用。

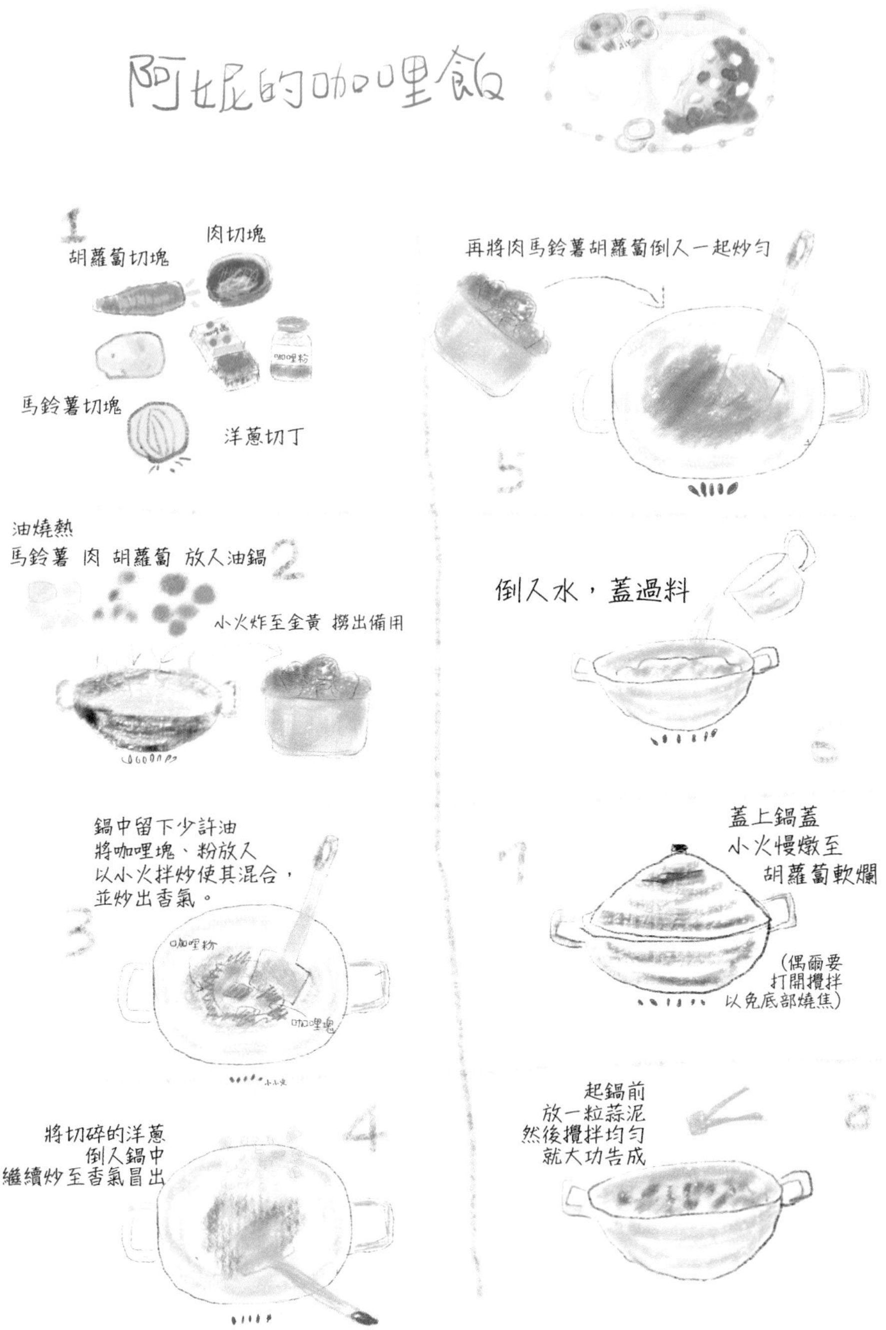
阿妮的咖哩飯
1
胡蘿蔔切塊
肉切塊
咖哩粉
馬鈴薯切塊
洋蔥切丁
油燒熱
馬鈴薯 肉 胡蘿蔔 放入油鍋
2
小火炸至金黃 撈出備用
鍋中留下少許油
將咖哩塊、粉放入
以小火拌炒使其混合，
並炒出香氣。
3
咖哩粉
咖哩塊
小小火
將切碎的洋蔥
倒入鍋中
繼續炒至香氣冒出
4
再將肉馬鈴薯胡蘿蔔倒入一起炒勻
5
倒入水，蓋過料
6
7
蓋上鍋蓋
小火慢燉至
胡蘿蔔軟爛
(偶爾要
打開攪拌
以免底部燒焦)
起鍋前
放一粒蒜泥
然後攪拌均勻
就大功告成
8

學習生活化、好操作的料理，才能長久投入。教完後，我順便畫了食譜，希望朋友能自己多做幾次。

只要嘗試，就找到生活好感覺

由於「多能鄙事」加上「不務正業」，我常有兼職成為各種老師的機會；在職場上也經常要做訓練與帶人的工作，隨著歷練，漸漸擁有自己領導與訓練的風格。

我可以手把手的教，但更喜歡站在一旁觀看，適時提醒，讓對方自己完成一件事情。因為每個人都有自己的個性與特色，不可能把自己的一套硬加諸於別人身上，放手是最棒的方法。所以，在書中，我把許多生活中的事件分成獨立單元，每個人可以選擇自己有興趣的部分，然後從點到面，透過自我練習，找到生活的好感覺。

當別人羨慕我的生活時，我總說：「不要羨慕我，因為每個人都有能力建立自己的獨特生活。」試試看，當擁有後，你會更有自信，並以欣賞取代羨慕的眼光，然後，每一天都能生活得更精彩。

過好生活，療癒人生。

前面說到每個人都有自己的生活方式，在工作以外的日子，有人喜歡到處旅遊、品嘗美食，有人喜歡窩在家裡看電視、玩遊戲，但如果這樣仍無法滿足心靈，甚至覺得放完假更累，或許應該要考慮改變一下。

專心過生活便能突破瓶頸

還有的人用購物逛街、大吃大喝來消除工作壓力，但對於我而言，這種抒壓方法只能麻醉一時，瞬間後就失效，而且癮頭越來越大。

後來我發現如果專心於某件生活中的事情，反而能讓自己放空，於是在工作壓力大到爆那段時間，我就成為半夜煮飯的女人。那時候加班回到家，並不是躺在沙發裡看電視，而是開始剁肉煮菜做便當。在一道道菜上桌的過程中，暫時專心於料理，將煩惱的事情擱置一旁，果然可以抒壓，甚至有時腦袋中還會冒出新的想法與創意。其實，養花蒔草也是我抒壓的方式之一，就像有人心情不好會大掃除、整理衣櫥……，只要能暫時專注於一件事情，自然能夠跳脫。

近年來，常看見報章雜誌強調「慢活」、到鄉下long stay、體驗田園生活，加上手感、療癒等商品盛行，都是回歸生活的表現，讓人回到心靈的桃花源，重新獲取養分後再出發。

而從現實的角度來看，現代人應該要「為自己辛苦，為自己忙」，努力工作後要追尋更好的生活品質。

思考如何過生活，絕對不是浪費時間，試過認真追求生活品質的人，應該會發現，當你將一部分時間花在生活後，有些工作上的瓶頸自然而然就能突破。可能是從生活中找到靈感，或者身心獲得休養後更有幹勁；也或許是當對生活品質有期待後，再去面對工作時，心理能更加平衡。

簡單而能持續的生活型態

究竟怎樣是好的生活呢？

當然，每個人對此有不同的定義，也有不同的範圍，但基本上不用太擔心，只要比現在好就行，然後慢慢的就能越來越好。如果期望

人人都需要在簡單的生活中獲得療癒。

太大，達成會有困難，不就又是種壓力了嗎？

從前在撰寫《My LOHAS》雜誌專欄時，常會寫到有關從生活中去做到環保綠化等概念與做法，由於LOHAS樂活是Lifestyles of Health and Sustainability的縮寫，意思是「健康及可永續發展的生活型態」。除了注重健康外，同時也要注重持續，因此，當時我所寫的內容，一定是一般人可以接受並且實踐的，因為要持續去做，才能由淺入深，慢慢改變。很多事情無法一蹴可幾，生活更是如此。

會過生活，其實也是一種能力，如果是研發產品的人，不知道使用者在生活中的需求，就無法設計出受歡迎的產品；而從事行銷，則要知道如何打動人心，才能有好的策略；做業務的人，口袋中更要有許多生活的話題，可以隨時與客戶侃侃而談……。

許許多多的成功眉角，其實都在生活中等待發掘。

“設立目標，按部就班，
靠自己就能擁有想要的生活。”

每當夜晚在臉書貼上做出的餐點照片時，就會被朋友直指為「邪惡的深夜食堂」，但這種惡趣味卻大家都愛。而看照片的人只知其一，卻不知更邪惡的是我正在享受家中充滿菜餚或甜點的香氣，這之於我是多麼的幸福呀！

讓家裡舒適、自己動手做料理、讓家人吃得健康，是我想要的生活。這個目標是在行有餘力之際，慢慢完成的。所謂「餘力」，包括時間與金錢，有機會就做一點，完成一點，漸漸形成目前大家看到的模樣。由於有記錄在部落格和臉書，老朋友們應該都能感受到那些歷程，其實很平凡，能拿出來說的就是一點點去完成的堅持與我的方法。

因此，我想把我的歷程分享出來，整理出一些基礎的方法，幫助大家跳過我錯誤的經驗，並從我的方法中得到捷徑。

家事也需要方法

我認為做家事需要方法，如果能活用工作上的管理技巧一定能事半功倍。像我以往從事專案管理工作，就常把專案管理的概念用於家事，也可以說做家事熟練的人，其實早就在使用所謂的管理方法，才能節省時間提高效率。此外，我常會跟朋友分享一個理念：即使有高學歷、有很棒的工作經驗，但如果有機會離開職場，投入家庭生活，並不是一種浪費，因為可以用自己所學，為自己所愛的人做事，好好培養下一代，這不是很棒的事情嗎？現代人都受了良好的教育，做起家事應該要比上一輩更有效率才是。

所以，我在規畫這本書時，特別設計一些原則與方法，著重於如何開始第一步，希望讓大家都能樂在其中。

一、不要想太多，不要想太難的目標。所以準備了一些大家最常想達成的心願，可以隨時找出來試試看。

二、自己就可進行。不過可以跟好友一起討論，甚至跟家人一起動手。

三、利用便利貼、表格清單、心智圖、九宮格等工作上的思考工具管理各種事項。

書中每一個課程都是一個目標，達到目標需要一些步驟，把整件事情拆解成小步驟時就會簡單多了。除了我的建議外，大家也可以放入自己的方法，視狀況做些調整。做法是：選一個課程單元，看完基本注意事項後，思考要做哪些事情，將過程想像一遍，把要做的事情寫下來，然後按部就班去做。

❶選一項單元↓❷閱讀內容↓❸思考自己做這件事情的流程，將項目分解並一一寫下↓❹開始執行

便利貼隨時隨地可黏貼，
是非常方便的記事工具。

工具小幫手

我很喜歡用便利貼來管理待辦事項清單，後來也用於旅遊和日常生活中。只要把所有的步驟與細節分別寫在不同張便利貼上，再貼在行事曆中，這樣比寫在一張紙或直接寫在本子上好。原因是：一、可以隨時調整順序；二、把在同一個地方辦的事情，寫在同一張便利貼，要用時可以單獨拿一張出來，不用再去翻本子。

舉例來說，若這兩天打算去市場採買，我就會事先列出採購清單，但會分成「在超市買」和「在傳統市場買」兩張。

又假設要做鹽漬檸檬，把做的過程想一遍後，發現有些事情要先準備，而不是到時候一起做，例如要先把瓶子洗好、消毒好並晾乾，還要買材料，最後才是製作。若是沒把先後順序弄清楚，最後一定會手忙腳亂。所以我的便利貼是這樣：

鹽漬檸檬器具

* 清洗玻璃瓶
* 用開水消毒
* 烘乾備用

鹽漬檸檬材料

* 海鹽
* 檸檬

鹽漬檸檬作法

* 檸檬洗淨晾乾
* 切片與小塊
* 與鹽充分混合後裝入瓶子裡
* 放冰箱一週後可用

將一件事情拆解成三個部分，依照先後順序分成三張便利貼，做的時候就不會丟三忘四，看起來也變得簡單多了。

part
2

料理

四處旅遊，品嘗新口味，
回來變成自己的食譜。

“自己做料理後的意外收穫。”

如果問起自己做三餐的好處，答案是什麼？我想大部分的人都會回答「比較健康安心」或「省錢」之類的答案。

但事實上，是否能達到這樣的目的，要看如何做。

如果能夠了解各種食安知識，採買好的食材，當然可以讓家人吃得更健康；但在食材採購上若是沒有注意添加物，或者仍然採購太多的食品而非食物時，也可能無法使家人更健康。相對的，安心的食材價格並不便宜，因此，也有可能省不了多少錢，還需要付出更多。而由於我和一些朋友在開始自己做料理後，都各自有了許多意外的收穫，所以只要被我發現周遭有人顯露出「我想自己煮」的想法，我就會極力鼓吹，讓他們加入自煮一族。

無所不在的添加物

在我自己有賺錢能力之前，一些外面攤販賣的小吃或食品，都只聽過而沒有吃過，因為母親不會買，也禁止我們去吃。她並不會刻意買價格很高的食物，但卻有一些自己的原則，甚至可以說有些挑剔，例如外面賣的肉包子不能隨便吃，她認為絞肉有可能是用不好的肉，裡面甚至會有淋巴、肉瘤等。

現在的我回憶起來，覺得母親能在幾十年前就有這樣的認知其實很不簡單，而且我家餐桌上從來不會出現顏色太鮮豔、太漂亮或太脆的食材。在這樣的薰陶下，我「理智

外面滷肉飯過油，肉的品質也無法掌握，於是我們自己做。

上」知道哪些東西不可食，但年少的我卻很好吃，常禁不起誘惑。記得念書時，有次買了份肉圓回家，先放在餐桌上，準備洗個手再回來享用，回頭卻發現肉圓中的肉已經消失了！原來是被母親取出丟掉了，原因當然是外面食物中的絞肉不可食。

聽起來是個吃不自由的童年，不過卻是為了身體的健康。相較之下現在的人更辛苦、悲哀，以往至少只要注意不要挑選有問題的食物，就可以避免食安問題，現在卻還必須特別去找安心的食材。食材如此，食物的問題更是嚴重，化學香料、重組肉、黑心油……每隔一段時間就會爆發食安問題，當下整個社會都充滿不安的氛圍，但每當事過境遷後，則又雲淡風輕。

所幸現在的我似乎也擁有了母親那樣的智慧，但這不是遺傳，而是親身體驗後的徹底覺悟，因此，可以稍微遠離接踵而來的食安風暴。

這得從多年前我開始用麵包機做吐司和麵包說起。最初只是好玩，但在用最好的牛奶、麵粉與奶油，甚至加了雞蛋都做不出外面吐司的滋味時，我的結論是：外面賣的麵包應該是放了一些添加物，讓麵包更香美可口，也使成本下降，因為我做

動手烤麵包，
是自己做的另一種覺悟。

一條吐司的成本，比到外面買還高。

還有許多例子，像是自己做的芋頭糕，既不香也不紫；自己做的綠茶蛋糕也不是綠色的……，但對商家來說，顧客期待芋頭糕要紫而香，加了綠茶的糕點要鮮綠才可口，顧客想要買更便宜的東西，商家自然就會在原料上想辦法降低成本，其實會造成這樣的現象，有時消費者自己也需要好好思考！

此外，有些人剛開始做菜時，也會覺得自己做的菜，味道總是比不上外面做的，除了因為下的調味料與食材比較單純外，少油、少調味也是原因，當然一般在家裡更不可能用過油的方式烹煮，自然在滋味上略遜一籌，但我覺得這樣更健康。

自己動手做過的結果，最能說服自己，這也是成為自煮一族的意外收穫。

認識食物的原味

由於食品添加物過度濫用，現在很多人其實已經誤會了食物的原味，因此，有人買東西時總是挑味道香濃、顏色漂亮的，也有人總覺得自己煮的東西味道不如外面的，家人都不愛吃，最後還是回到外食。

如果常看「旅遊生活頻道」的人一定對傑米奧利佛很熟悉，在某個節目他與現場觀眾的互動中，暴露出原來很多英國人不知道雞是如何飼養的，當然更不懂得雞的品種與好壞；甚至有人不知道什麼是「開水」，要怎樣燒？這段內容刺激到我，很想知道台灣的狀況如何？後來發現我有朋友不會分雞肉和鴨肉，也有朋友分不清蔥和蒜，乾脆只在超市買菜，所以我想應該也不用太樂觀。

由於不懂，就不會要求，當需求端沒有需求時，供應端自然不會有改變。無論是無毒魚肉、有機蔬菜或有生產履歷的食物，除了成本高外，在生產的過程中都需要一些堅持，因此當我能力所及，都會購買這類食品。因為，有消費者的支持，他們才能持續，有更多人的支持，市場變大後，才會有更多人願意投入好的生產模式，這樣漸漸的才能驅除劣幣，食安問題或許才能根本解決。

這也是我很想讓更多人自己動手做菜的原因之一。因為料理的基本是採買，這樣可以讓更多人認識食物，尤其是有小孩的家庭，能藉此讓孩子看到並摸到真正的食物，而不是提到雞，腦中浮現炸雞的模樣；提到番茄，只知道番茄醬。

此外，外面的餐點多半重油重鹽，很多吃慣外食的人口味都比較重，而這更是現代人的飲食大忌，也是很多慢性病的原因之一。母親之前因腎臟問題去看醫生時，醫生交代的禁食食品中，竟然有麵條，我才發現原來市售麵條鈉含量很高，於是開始自己做麵條。自己料理食物，在烹調方式上，通常都可以更健康，好的食材本身就有好的味道，其實不用過於調味就非常美味了。

前陣子製作一本談粥的書籍，書中的粥品都是單味粥，煮粥的材料只有米與一種食材，而且沒有過多調味，讓我直接體驗了食材本身的鮮甜，吃了半個月後，發現自己口味慢慢也變淡了，這也是意外的收穫。

烘焙的香氣是幸福之味。

“自炊，知難行易。”

每個人對於生活都有憧憬，卻總會想等有錢、有閒、有機會再去實現，但生活這件事其實隨時都可以開始。料理也是。

在每次食安問題爆發當下，應該不少人都會想要自己煮，但總被一些理由牽絆住，例如設備不夠、不會煮、家裡人少不好煮、沒有時間……。的確，這些事情光用想的就感覺很麻煩，但如果加入創意，並且去實踐，其實會發現沒有想像中的困難。

我以前也很羨慕那些擁有美麗廚房的人，動線完美、大烤箱、各種工具設備一應俱全，常會說：「如果我有……就……」但每個人的條件不同，總不能沒有像樣的廚房就不煮飯了吧！

活在現實裡，也不用一定要把設備都買齊，只要有能取代利用的工具，每天仍然煮得快樂、吃得高興。儘管偶爾心裡還是會偷偷想一下。直到我看到邱瑞秋的《小小巴黎廚房》那真是一個麻雀廚房，只容旋身的小空間中，鍋爐相疊，還是可以做出各樣道地法式料理，當時我就立馬與奢華的奈潔拉割席斷交，心想：「這才是真正的生活，才是一般人可以參考的典範。」

廚房設備不是問題

由於國中參加女童軍，在露營活動中學了一些野炊的技巧，那時的野炊非常克難，我還記得要架爐具、用原子炭生火，常常鍋子燒過外表會變黑，很難清洗，不想刷鍋的

在高山上用簡單炊具，也能烤雞，
也能做出步驟麻煩的兩面黃。

我們都會先用洗衣粉加水和成泥狀，塗抹在鍋外，讓它受熱後形成一層硬膜，洗鍋時只要沖沖水，溶化洗衣粉，就能還給我們一個乾淨的鍋子。諸多不便都有小撇步解決，所以即使很克難，也能煮出一桌菜餚。而現在已經是邁向RV露營的時代，小瓦斯爐、高山爐、各種材質的鍋具設備都很好用，野外廚房進步得令人咋舌，近年來才接觸露營的人應該很難想像以前的環境。

露營產品越來越便利輕巧，除了戶外使用之外，其實也適用於沒有正式廚房、在外租屋的人。我家的廚房在地下室，住在三樓的我，有時候晚上想煮個泡麵，不想跑下樓，就會拿出高山爐和野外用的餐具，不用幾分鐘，罪惡的消夜就完成了！

此外，市面上還有多用途的電碗，插上電就能料理食物，也是小屋自炊的好幫手。我想很多人都有在宿舍煮麵、燒菜、吃火鍋的經驗吧！可見天下無難事，只怕有心人。

在料理的課程中，我整理了一些常用的設備，以及挑選的方法，大家可以思考一下有哪些適合自己的生活習慣，慢慢添購。但要小心，一旦投入料理的世界中，很容易就會因廚房器具而「敗家」，此時，相信你也能深刻體會料理的樂趣了。

網上自有名廚相授

既然設備不是問題，讓我們看看其他的瓶頸：廚藝不佳、不會煮可能是卻步的另一個主因。

雖然沒有人天生就擁有廚娘技藝，但是在現在這個資訊發達的時代，要成為大廚也相對變簡單了。我訂閱的美食分享網站，每天都可以看到有許多素人發表自己的料理成果，他們能做到，你也能。

以往學做菜可能要口耳相傳，猛抄筆記，動手時卻忘記細節；買食譜回家照著做，卻望文無法生義；而現在網路上除了有各種圖文並茂的食譜，有問題還可以留言詢問；或是在Youtube網站中搜尋各種料理影片，隨時暫停、反覆看、邊看邊做……根本就像是把老師請到家裡。所以，自學的管道很多，也許經驗會影響滋味的好壞，但只要找到正確的食譜，很容易就能做得有模有樣。

“食物鏈與模仿菜。”

模仿菜與食物鏈是我料理生活中重要的概念，也可以說是兩個非常重要的招式。模仿菜就是利用外出用餐時，蒐集創意與食譜，回家以現有的食材和環境，照自己的方式做，可以說是靈感的來源。雖然是照著做，但也要有基本的料理基礎、各種味覺經驗，才會知道箇中的訣竅，回家後自己做，沒十成像，也有八九分。

而食物鏈則是更進階的招式，這招練得好的人，不但做起菜來得心應手，而且可從採買就開始運用，當買一種食材時，就能想到可以做哪些運用，更重要的是剩菜處理與再利用，一道菜也能變變變，完全不浪費。

模仿菜是靈感來源

先來講講模仿菜吧！我們家到外面館子吃飯時，有幾個點菜的原則。首先是有一半要點吃不完帶回家熱過還能吃的菜，這是因為我們人少，如此可以多點幾個菜，吃不完的就打包。此外，會看菜單中哪道菜的食材使用是很特別的，如果我們家沒有這樣做過，點來後可以吃吃看「效果」如何。如果好吃就記起來，回家如法料理，這就是模仿菜的概念。

記得有次跟母親到香港玩，看見菜單中有道核桃蝦仁，就點了這道菜，只因為家中冰庫裡有大蝦，我們從西芹炒到百合，已經吃到沒有創意了，在這裡看到用堅果炒，覺得可以一試。沒想到服務生說沒有核桃了，如果要吃果仁類的，倒是有松子蝦仁。於是

在香港吃的松子蝦仁色香味俱全，
輕鬆就能模仿。

菜單上沒有的這道菜，意外讓我們收穫到另一種炒法。回來後，我們就學著用核桃或松子來炒蝦仁。

菜上桌後，一湯匙舀起蝦仁與配料，層次豐富。蝦仁新鮮，吃得出是自然的甜韌，不是泡藥水的那種脆，有淡淡的鹽味與酒香，嫩度剛好，應該是有裹一層薄薄的粉料，以過油的方式處理，才會這樣好吃吧。搭配的松子味道與口感都不錯，胡蘿蔔的色彩用以點綴，少許的西洋芹香味有點睛之效，簡單大方又精緻，家中如要宴客，這樣的搭配可以學習。

一餐飯學到兩件事情，一是用堅果搭配蝦仁，另外則是配料的使用，可以讓一道菜顏色豐富、更有層次，立刻從家常菜變成宴客菜。

此外，台灣餐廳經常會出創意菜，常能讓人有意外驚喜，雖然有時也會有驚嚇，例如過分重視食器與盤飾。這類我一般能避則避，選餐廳時還是以道地簡單、有家常風味的菜館為主。上菜後，大家的對話通常是：「原來這個這樣煮也不錯吃耶。」

簡單的烹調變化或材料的增加，就能有不一樣的口感。例如將蔥油雞的蔥換成紅蔥頭，或者在宮保雞丁中放入炸過的豆乾丁，讓人感受到配料可以改變，也可以利用其他材料增加菜餚的分量。

懂得食物鏈，剩菜便不討厭了

我的「食物鏈」可不是大魚吃小魚，而是吃剩的魚，加了豆瓣、豆腐，又是一道菜的概念——也就是利用一道菜，變身另一道菜的作法。

拿紅燒肉來說，肉吃完了，剩下的湯汁別丟棄，可以用來做出很多變化，例如買些苦瓜或筍尖一起燒，或者拿來炒米粉；而豬皮有膠質，湯汁冷卻會結凍，還可以做成肉凍。這就是紅燒肉的食物鏈。

還有過年時的年菜，一餐吃不完，如果每餐都拿出來照樣加熱，一定不好吃。所以可以稍微加工，例如佛跳牆放些大白菜一起煮，就是一鍋新菜，而且加了蔬菜後口感更清爽；香腸、臘肉、蝦仁等，可以切些蒜苗變化成炒飯；如果有剩下的高湯，放入麵條煨熟，撒上蔥花就非常美味。

其實，這些剩菜的搭配，並不是剩菜產生才來思考，可以提前至採買時就規畫好，例如前述的魚、紅燒肉，往往是故意留一些，因為如果沒有這些剩菜，光是素燒豆腐或苦瓜，滋味就不會那麼香美，可以說是一舉兩得。因此，如何串起美味的食物鏈，絕對是值得用心思考的主題。

花雕雞第二餐，放入大白菜與年糕，又是一鍋美味。

“設立自己的目標，準備計畫。”

開始從事專案工作後，有天突然發現，執行專案跟做菜有異曲同工之妙。專案通常會有目標、計畫、資源分配，然後去執行。要完成一個目標，要做很多件事情，這些小任務完成後，整個專案目標就能達成。但如果有五個小任務，分給五個人，這五項任務可以同時做嗎？答案是不一定，需要看這些任務之間有沒有開始與結束的關係，也就是當A做完後，B才能開始做。這些任務之間的先後順序，對於剛接觸專案管理的人有點複雜，但如果是個會做菜、能出一桌菜的人，想必很快就能得心應手。因為唯有安排計畫先後次序、充分利用時間，才能讓菜一起上桌。

日本人稱烹飪為料理，料理這個詞有「處理、安排」的意思。事實上，做菜過程要順利，一定要將所有細節安排妥當，資源才能發揮到淋漓盡致，這不是跟執行一個專案很類似嗎？

來想想做料理的步驟，如果我們明天要請客，今天要怎樣開始呢？應該是先擬定菜單。此時，大家通常會先考慮預算，在預算下要怎樣讓菜單顯得豐富？不能都是快炒，還要煮個湯、燉個肉，如果有些菜可以用電鍋或烤箱做，那麼就能節省許多心力。這些思考與計畫的思維，其實大家在工作上常常使用，而預算正如同專案中財務的資源；在想菜色變化之際，審視一下廚房的器具，如瓦斯爐有兩個爐火可以使用，再加上電鍋、烤箱等，就像是硬體的資源，要懂得善加利用。

小時候回外婆家時，廚房總是最熱鬧的。看著大人們利用時間先做一些冷盤或涼拌菜，湯也都事先燉好，等到上桌前再加熱；因為要在短時間內快炒多道菜，還要利用蒸或烤的方式製作另外的菜。後來發現這些就是提前達到部分專案目標的秘訣。

如果考慮到人力資源，炒菜則是最大的挑戰，炒之前要將材料都準備好。舉簡單的炒青菜為例，要先準備好蒜頭，將調味料放在隨手可及之處，才開始熱鍋、放油，油熱了先放蒜頭爆香，然後將青菜、調味料放入，最後要知道何時關火盛出，當然，這時可別找不到盤子，否則就前功盡棄了。

做菜的過程就如同專案過程般，一個個步驟環環相扣，如果不先想清楚其「開始、開始」與「結束、開始」等關聯，可能會油鍋燒熱了，大蒜還沒剝皮，或者要起鍋時還找不到味精。如果沒有這種邏輯概念，大概連一盤炒青菜都做不成功，又何況是專案的執行與管理。

此外，突然間瓦斯沒了，或者醬油不夠，都像是專案中的突發事件，這些也都是可以事先預防的。如果最後將菜端上桌，客人吃得滿意，專案目標就達成了。

我常常用這樣的概念跟朋友分享——當專案執行必須考慮很多同步事件的動線時，就想想做菜：面前瓦斯爐正炒著青菜、右邊小火燉著人蔘雞湯、電鍋裡蒸著珍珠丸子、冰箱中冷盤已備妥……三分鐘後就可以全部上桌。料理的過程就像是一個專案歷程的精華，如果你剛進入專案管理的領域，老是會手忙腳亂、進度落後的話，不妨試試烹飪料理，相信對你一定有所幫助。

「只要有可以加熱的爐具，即使是單身宿舍，也可以開伙。」

常聽人說「麻雀雖小，五臟俱全」，但可以料理日常三餐的設備，其實並不需要「五臟」，只要有個可以加熱的爐具，和可以盛裝的鍋具就夠了。甚至現在還有結合電火鍋與快煮壺的多功能鍋具，讓租屋的人也可以很方便煮食。

沒有實體廚房的簡單基礎

因此，如果立志要自己動手做料理，先從「熱能」與「鍋具」兩件事著手即可。最簡便的熱能是使用電，例如電火鍋、電磁爐、黑晶爐等，也較為安全，但要考慮到這些電爐容易跳電，必須使用單獨的插座；採用瓦斯爐具則可選擇攜帶式的卡式瓦斯爐，或者野外用的高山爐。但如果房間很小又密閉，就比較不建議用瓦斯爐具。平常若只是用來蒸煮加熱，傳統大同電鍋也是不錯的選擇，還可以搭配蒸籠，一次蒸多道菜餚。

在鍋具方面，至少要準備一個湯鍋。如果只能有一個鍋子，最好選材質較好、附鍋蓋的平底湯鍋，還可以當作平底鍋用於煎炒。一鍋多用，增加鍋具的彈性，等於有一個湯鍋、一個平底鍋，基本上就已經夠用了。另外再準備些簡單餐具就可以開伙。

依照需求規畫打造自己的廚房

有自己的廚房空間，也有預算添購設備，但考慮一般人預算有限，在購買設備時也要有計畫，例如先添購基本的設備，實際做料理一陣子後，知道自己的習慣與需求，再

鍋具的選擇很簡單，
即使是戶外鍋或琺瑯罐
都能拿來煮食。

小鑄鐵盤是收藏。

設備可以依照需求的迫切性慢慢添購。

便宜又好用的烤箱。

增添設備才不會浪費。有些朋友在規畫廚房時，會參考網路或其他朋友家裡的設計，為自己設想許多夢幻設備，例如水波爐、大烤箱、洗碗機等，以及各種鍋具，但很有可能不符合使用習慣，最後淪為裝飾品，這樣不但浪費金錢，更浪費空間。

每個家庭、個人的飲食習慣不同，在打造廚房時，一定要仔細考慮自己的料理與生活習慣，謹慎做決定。例如在爐具選擇上，要考慮的是料理習慣或安全性，如果選擇電磁爐，所有鍋具都要挑能用在電磁爐的。烤箱的選擇考量在是否用於烘焙，如果要做蛋糕西點，要選最少有一個上下火力可以調整的烤箱。若只做簡單烘烤，買個小烤箱就夠用；用在早餐烤吐司，只要烤麵包機即可。而小烤箱瞬間火力大，可以替代烤麵包機；大烤箱加熱慢、火力均衡，用途不同，在購買之前可以上網看看大家的使用經驗。

在鍋子選擇上，還是先以基本款為主，並考慮多工使用。只能買一個的話，建議挑平底鍋，煎炒烘烤都可用；如果有更多選擇，再依照需要陸續增添傳統炒鍋、鑄鐵鍋、砂鍋、燜燒鍋、快鍋等，添購的原則是慢慢滿足不同需求，如快炒或慢燉等。

添購廚房設備時絕對是用需求最大的原則。有需求、會常用，價格高些都無妨。如果經費有限，在類似選擇中只要挑合用的即可。我到朋友家玩時，看見她有個上下火的簡單半盤烤箱，我說：「這烤箱跟我的一樣耶！」她很訝異，因為她以為我是用專業烤箱，但我覺得這個烤箱功能已經符合需求，性價比非常高，所以在沒有更多需求下，我選擇了功能足夠的種類，把省下的經費拿去買其他設備，才能將預算用到極致。

TO DO

找出自己最需要的爐具

如果仍然毫無頭緒，不妨利用下面的流程圖，回答 YES 或 NO，找出自己所屬的類型，然後思考要準備哪些爐具與鍋具。

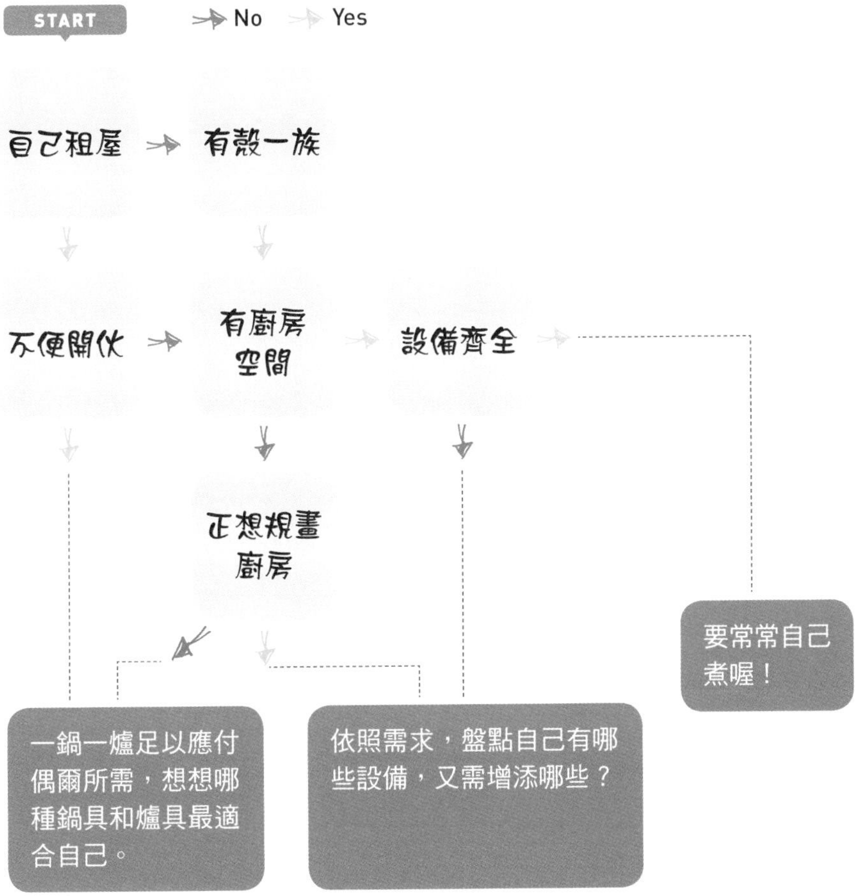

爐具可選擇簡單安全的快煮鍋、電鍋、電磁爐等，鍋具至少要有個平底湯鍋。

- 爐具：瓦斯爐/電磁爐/小烤箱/大烤箱/水波爐
- 炒鍋：平底/傳統
- 平底煎鍋：鐵鍋/鑄鐵鍋/不沾鍋
- 慢鍋：砂鍋/康寧鍋/琺瑯鑄鐵鍋/燜燒鍋

“自己照著食譜做料理，就有掌廚的感覺。”

我是個鑰匙兒童，由於雙親都要上班工作，從小學開始，回到家中總是一個人，寫完作業就無所事事，又被禁止自己出去玩，家裡大人的書籍中，唯一看得懂的就是整本都是圖片的食譜。

到了國中時代，很慶幸學校家政課並沒有被升學主義所犧牲，在國中時就發現烹飪好好玩，因為有興趣，加上為了求取好成績，還主動去找參考資料。當時的食譜不多，都是大師之作，而且彩色印刷，價格不低。於是，我常和同學泡在書店翻食譜，從做法到雕花裝飾，都是在書店角落學會的。所以，我可以說是看食譜長大的小孩。

長大後，沒想到竟然開始編寫食譜，成為餐館師傅的幕後寫手，將師傅的手藝轉化成一般人可以理解的文字，內容除了要求正確，還必須考慮家中廚房是否適用等因素，而在方法上略做修改，此時才知編寫食譜真是不簡單。

食譜的陷阱

現在想要找份食譜似乎簡單多了。至Google輸入關鍵字，立刻就有上百條相關食譜出現，看得人目不暇給，但仍然有人「找不到」。這個「找不到」讓我發現一件事情，當時是有朋友問我某個菜要怎樣做，起初納悶這食譜應該網路上就有，為何要特別請我教她？後來才知道，她是因為照著食譜老是做不出來，才會來問我。原來網路上的食譜多為素人分享，而每個人環境不同，如果沒有寫作食譜的經驗，很可能會忘記說明某些要點，料理經驗不豐富的人看了，就有可能照著食譜做卻不成功。

這種例子不止出現在網路上，連食譜書也會有這樣的狀況。尤其是烘焙食譜對於細節的要求最為嚴格，從醱粉、奶油、糖等材料，到溫度和時間，都必須非常精確，否則一定會烤出一盤悲劇。我就曾經買過這樣的食譜，把材料放入攪拌盆後，怎麼看都跟示範圖片的分量不同，做出來更是差很多，打電話去問，獲得答案是照片與食譜分量不同。但我更懷疑是書中的分量與作法都有誤。也因此當自己在編寫食譜書時，都會特別注意細節，有時也會自己試做是否能成功。

可見找一份正確的食譜，也是要花點心思，大膽假設，小心求證。如果在網路上找，就多看幾篇，無論是文字或影片都要看，而且還要瀏覽底下的留言，通常大家的問題，有可能就是自己的問題，可以做為參考。

紙本食譜有系統，學習快

如果想要買紙本食譜，可以選擇一些網路上知名老師的書，他們的食譜大多已經發表在網路上，經過網友們的考驗，是比較可以信任的。此外，如果書中交代得很仔細，例如室溫、容易發生哪些問題，有提到許多注意事項的食譜，可信度自然較高。或者可以先看網路上的試閱內容，照著做一次，也是一種測試食譜的方式。

通常初學者選擇圖文並茂、步驟詳盡的食譜，可以盡快進入狀況；當逐漸做出心得後，建議不妨開始購買一些以文字敘述為主的料理書，這種表現形式的書籍往往會談論更多料理手法的原因，使人知其所以然，能夠讓廚藝觸類旁通，更上一層樓。

然而無論會不會做菜，只要喜歡吃，多看飲食文化的書籍，提高自己品嘗美食的能力，也能對於選擇食材有幫助。

所以，臨時需要一份食譜，就從網路上找，但要多看幾篇多比較；想要有系統地學料理，建議購買有主題的食譜書，有助於系統化的理解整個脈絡，例如單一菜系（川菜）、單一料理方式（滷味），或者專門做一類料理（做麵包）等。

除此之外，親朋好友也是好食譜的來源。如果周遭有擅於做料理的親友，趕緊去索取招牌菜或私房菜的食譜，還可以有現成老師可以問，這是最幸運不過的事情。我也常從一些好友那裡分享他們已經做過並且成功的食譜，可以很放心地照著做。

常看小說或電影情節中，故事主人翁都有傳家的食譜，其實每個人也都可以擁有一本自己的私房食譜——準備好專門抄寫食譜的筆記本，整理抄寫食譜上的材料與作法，常會發現其中有些細節不同，自己判斷要用哪一種，並寫下想法做為日後參考。我有時會自己減鹽、減糖或減油，就會註記在食譜旁，做好後也會寫上效果如何，做為下次的參考。每次改變食譜中一種材料的分量，是找出自己口味的必經之路，只要多做幾次，就會越來越有心得，去蕪存菁留下的料理方式，就是自己的珍寶。

TO DO

慢慢補強自己的食譜版圖

讓我們用心智圖的概念，簡單分析一下食譜的來源，不妨看看自己缺哪些部分，再予以補強。

食譜來源

臨時要用

上網路搜尋，或者問朋友。

綜合基本款

種類多、菜式綜合，從家常小炒到功夫菜都有，挑一兩本常常翻閱並照著做，找出自己喜好的菜式，再針對類型添購食譜書。

書名：

類型專書

以某種類型集合而成的食譜書，如麵包、江浙菜、川菜、副食品，或者以鍋具為主，如鑄鐵鍋、平底鍋、燜燒罐等。可以有系統地了解一種類型。

書名：

料理原理 飲食文化

多為文字書，談論料理原理、飲食文化。

書名：

自己整理研發

將自己的經驗整理寫下，下次做時就直接用自己的食譜來做。

“學會採買是料理的第一步，
是成功的一半。”

要不是從小就跟著媽媽逛菜市場，我應該不會那麼熟悉食材，更別說能在傳統市場買菜了。一踏進傳統市場，耳邊就會聽到「小姐買菜嗎？」、「老闆娘，今天魚很新鮮喔！」等各種招呼推銷；眼睛看著各式各樣食材，立刻就要面對「選哪一家？買哪一種？買多少？……」的抉擇，真是一件不簡單的事情。但要進入料理世界時，一定要先過買菜這關，我將自己的經驗整理如下，當作破關的密技，提供大家參考：

一、新手上路從超市開始

有一次跟同學提到大頭菜，她說不知道，於是我們兩個人就相約到超市「認菜」。雖然這是很奇怪的舉動，但也只有去超市才能快速解決問題。因為超市中的食材有名稱、重量與價格，對於料理新手而言，可以說是最佳的學習教室。即使不買菜，也建議經常去逛逛賣場，認識各種生鮮蔬果、重量與體積大小的對照，如此一來，自然可以降低在傳統市場買菜的難度。

我發現，現在有些傳統市場也開始跟超市看齊，將蔬菜以小分量包裝，標出價格，讓買的人一目了然，不但更方便，也降低了採買的入門門檻。大家不妨多留意附近的超市或傳統市集，找到自己最適合的賣場。

二、貨性價比三家

提到有機食材時，我常喜歡說價格高，比較少用貴來形容，因為當了解食材的生產過程，就會知道那樣的價格是合理的，只是比一般的價格高。所以，採買食材貨比三家時，也想提醒大家，不只是比價錢的高低，而是要比CP值，也就是性價比。

例如同種類的蔬菜在傳統市場、超市與大賣場價格可能不同，但菜的品質也會有差異。通常傳統市場的蔬菜賣相最不好，沒有挑揀過，甚至還有根與泥土，秤起來比較重，單價自然應該低一些；超市的蔬菜比較精緻，裝袋蔬菜採摘時多半會注意根部的處理，切去不可食的部分，讓家庭主婦買回去清洗後就可以料理，減少很多廚餘垃圾，加上店面租金、冷藏成本，當然售價就會比較高；大賣場多半會與產地契作、大量進貨，且偏向薄利多銷，若是家中人口較多，在大賣場採買會比較划算。

但一次購買大量蔬菜時，還要注意蔬菜是否沒有經過水洗，以我的經驗觀察，未經水洗的蔬菜保存時間會比較長。如果賣場的蔬菜有灑水，雖然看起來很新鮮，但買回去最好當天食用。

選購魚鮮和肉類也是如此，基本上，食材絕對是一分錢一分貨，價格高的東西，如果品質好就值得；如果品質不佳，價格再低都不要買回家，以免吃下後損害健康。

而若沒時間上菜市場，目前網路上也有許多販賣生鮮產品的店家，以冷藏或冷凍的物流方式送達，而且多半是直接向農夫採購的少見商品，有的是有機或自然農法種植，有的是新品種，湊成一箱合併運費，也非常划算。

最近網路商店越來越多，我也開始上網買菜，
冷藏冷凍直送家裡，非常方便。

三、精打細算靠兩招

如果自己做料理想要達到省錢的目的，但又想買好的食材，採買時精打細算是最好的方法。其中有兩個重要原則：一是當季採購；二是大量採購。

當季食材多半價格會比較便宜，而且更為新鮮安全，所以可以大量購買，然後利用各種食材處理方式儲存起來慢慢使用。

此外，如果有便於儲藏的食材，如冷凍或者乾貨等，當遇到促銷特價，並確認自己用得到時，也可以趁機採買一些，這些都是節流之道。

四、心中有菜單

採購前也要有計畫，否則可能會買很多材料回來，但卻煮不出幾道菜，因此，最好採買前心中要有菜單。也可以從大量購買的角度去計畫，譬如某樣食材可運用的方式很多，就根據食材去設計菜單，再買其他的菜即可。所以，買菜時最好有份購物清單，才能夠精準買到需要的食材。

TO DO

規畫自己的購物清單

建議先產生一份菜單，接著將菜單解構成為材料，就會發現有些材料已經有了或者可以重複使用。最後就能整理出購物清單。

step 1 寫出菜單 → **step 2** 寫出材料 → **step 3** 寫出需要購買的材料

菜單

* 宮保雞丁
* 番茄炒蛋
* 玉米湯

宮保雞丁

* 雞胸肉
* 蔥花
* 花椒、乾辣椒、蒜頭
* 醃肉用：太白粉、醬油、米酒、醋、糖
* 花生米

採買清單

* 雞胸肉
* 花生米
* 雞蛋一盒
* 番茄
* 玉米罐頭

◆ 平時備好常用香料、調味料，料理時準備的東西就不會太多。

番茄炒蛋

* 雞蛋
* 蔥
* 番茄

玉米湯

* 玉米罐頭
* 蔥
* 雞蛋
* 雞胸肉少許
* 太白粉

◆ 重複的材料，同時購買。

“食物也有好寶寶標章，當作挑選的依據。”

由於年紀漸長，警覺健康飲食的重要，以往只在乎吃飽吃好的我，也開始關心食物的來源與食品的成分。

我的「食物的來源」是指用哪種方法種植或養殖，例如有機蔬果、放養雞。如果在傳統市場購買，無法確認來源時，就觀察外表是否完整、新鮮。但通常在超市或網路上購買時，多半會載明相關資訊，甚至有認證標章。

認識食品標章

說到標章，如果有在採買食材的人，會發現這幾年很多食材都貼有標章，例如產銷履歷和傳統市場也常見的吉園圃等，有些標章符合政府制定的規則才可貼上，有些則是查驗機構所授予。通常若對於食材的來源或好壞有疑慮，可以認明標章做為安心採購的依據。以下是常見政府掛保證的安全食品標章：

吉園圃：優良農業操作農產品，對於用藥有嚴格的規定與檢驗，以確保食品安全。

台灣優良農產品CAS：一定是國產原料製作，並符合衛生安全要求、品質規格標準及包裝表示規定。

台灣有機農產品CAS：除優良農產品條件外，須是不使用化學肥料、農藥，達到生產自然安全的農產品。

合格屠宰標章：無論是生鮮、冷藏或冷凍方式販售，為經過專業獸醫師及人員把關檢驗之衛生安全的國產禽類肉品。

TAP產銷履歷：農產品從農場到餐桌，在生產、處理、加工、流通和販售等過程的有效控管與完整記錄，可掃描QR code上網查詢。

海宴標章：以國產水產品為主要原料，必須至少取得CAS、HACCP、GMP、TAP、ISO22000等其中一項驗證，並通過嚴謹評選。

標章是我採購時的依據之一，當沒有標章時，就要多考慮一些因素，例如買生食時為避免交叉感染，不要裝在同一個袋子裡，或者買蛋時以盒裝蛋為主，小小的「龜毛」就是安心的保險，大家可以常常注意相關的訊息，增加自己的採購常識與原則。

充實食物營養常識

除了產地、安全、衛生等問題，我發現有些很重要的關鍵，常因不知道而被忽視，例如：油。有次我看見朋友貼出為小孩做點心的照片，照片一角出現一盒植物奶油。我想了一下，還是決定當壞人去提醒這位好爸爸，請他看一下那盒植物奶油中是否有反式脂肪。

接著我告訴他有關反式脂肪對身體的傷害，說明這類油吃入身體無法代謝，最好不要給小孩吃。所幸這位爸爸接受我的建議，立刻說等等就整盒丟掉。這就是典型不知者的故事。很多人可能都認為植物性應該比較好，卻忽略了這種非天然的油脂最好不要食用，而且不只是單純的油品，仔細看市面上很多餅乾成分，都會發現含有反式脂肪，即使再香酥可口，建議還是不吃的好。

還有「果糖」是高果糖玉米糖漿的簡稱，與蔗糖一樣是甜味的來源，但人們常常會因為「果糖」兩個字，感覺比較健康而攝取過多，造成許多文明病的產生。除了控制攝取量，在甜味的選擇上最好挑未經過精製的，例如黑糖、蜂蜜、楓糖等，由於仍保有營養素，是比較好的甜味來源。類似的例子比比皆是，例如「橄欖油」比較營養健康，卻有很多人不知道不能用來高溫炒炸。

我們自己動手做料理，其中一個原因就是要把選擇食物、用油、用鹽、用糖的主控權從餐廳中奪回來，這樣才能吃得健康。尤其是有孩童或銀髮族的家庭，更要在食物選擇上多加注意，才能買到好的、適合的與安心的食物，因此對於營養常識不可不知。

TO DO

充實自己的食物常識

為了健康必須嚴肅的看待食物，所以要親自去了解食物營養常識。這部分市面上有許多專書，網路上利用關鍵字也可以很快地查到，把找到資料整理成自己的採購原則。搜尋資料時，最好找三個不同來源都同一說法的，正確性才高。如果找到以下資料，看完後，希望大家能因了解而改變行為。

- 反式脂肪是什麼？ 存在於哪些食物中？（了解後，才能真正拒絕）

- 油的冒煙點是什麼？哪種油適合高溫炒炸？（了解後，才能準備適合的油，家中最好有兩三種不同溫度使用的油）

- 哪些油或食物中含有多元不飽和脂肪酸 Ω3、Ω6 ？
  對身體有什麼作用？ 我的飲食中是否有呢？
  （了解後，依照身體需求均勻適當的攝取各種油脂）

- 什麼是高果糖玉米糖漿？（了解後，比較容易拒絕）

- 什麼是精製糖？（了解後，盡量尋找天然原始的甜味）

"洗菜比洗碗還重要，
學料理前要先會處理食材。"

從菜籃中把購買的食材取出後，你會怎麼做？全部都先放進冰箱嗎？這聽起來是個好主意，但卻不可能。以我而言，多採取大批採購的方式，而且家中人口少，每餐食用的分量也不多，所以必須將食材事先切分。每次買完菜回到家後，才是大工程，一定要清洗、切分、包裝。

我們先從清洗說起，肉類與魚類的清洗比較簡單，一般肉類冷藏或冷凍前不大需要清洗，使用前再以水沖洗即可；海鮮也是如此，多半是食用前才處理，清洗血水、內臟部分等。所以食材的清洗多半是在蔬果，尤其近年來大家對於農藥問題特別敏感，因此在清洗上不能馬虎。

蔬果的基本清洗法

洗菜的話題不但常在談話性節目上聽到，而且每個專家說法都不同，我通常對於這種議題都是處變不驚，認為只要掌握基本的做法，並且切實執行即可。

清洗蔬果最有效與安全的方式應該是用流動的清水沖洗。常見有人說用鹽、小蘇打或者醋來清洗，但每種蔬果使用的農藥種類不同，以酸鹼中和的方式，用錯了豈不更麻煩？因此，我還是選擇用最保險的方式，以清水多沖洗幾遍來降低農藥的殘留。即使是購買有機或自然農法的蔬果，也要仔細沖洗，因為也是有可能會有細菌或蟲卵附著在上面，千萬別認為無害就直接生食。

以水沖洗，是去除農藥殘留的最佳方式。

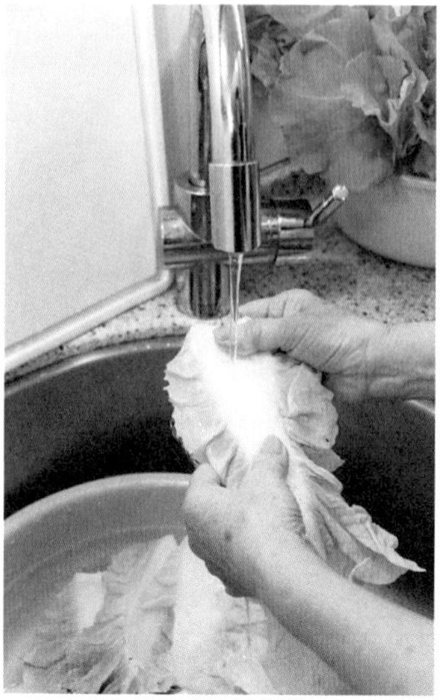

葉菜類用手仔細搓揉洗淨。

蔬果隙縫也不要放過，用牙刷刷洗很方便。

葉菜類是我們最常食用的蔬菜，印象中以前大人們都是有空時先摘菜，摘完再洗，但正確的做法應該是先清洗乾淨再摘或切段，髒汙或農藥才不會從切口滲入菜中。清洗的方式很簡單：先在水盆中裝水，並讓水持續注入，將青菜放入，用手按壓沉入水中，然後放開，上上下下多做幾次，利用水流的壓力與浮力洗去大部分附著的髒汙或藥劑。第一次清洗時水會混濁，也會發現盆底有許多沙土，此時可以換水再洗，直到水乾淨為止。接著將菜一株株放在水流下，翻開葉片沖洗；較厚實的莖葉就用手指搓洗；清洗大白菜或高麗菜等包葉菜類，則要一整片剝下來洗。

如果蔬果表面凹凸不平（如苦瓜、豆莢），或者有蒂頭（如蘋果、紅椒），就要利用工具來刷洗。我家的流理檯旁都會放支舊牙刷，刷蔬果時就能派上用場。經過這樣的仔細清洗，就能清除大多數蔬果表面的農藥殘留。

進階方式

農藥除了會殘留在蔬果表面外，有些會直接吸收到蔬果內部。如果在市場購買根莖類蔬果或未水洗過的蔬菜，通常可以儲藏一陣子，不妨放置兩三天後再食用。可放在通風的室內角落，或者放在冰箱中，但不要用塑膠袋封存，使殘留農藥因氧化、光分解或蒸散作用而消失，或者透過蔬果中的酵素自行分解。

有些蔬果農藥殘留的狀況特別嚴重，尤其是可連續採收的豆莢類，這是因為比較不好控制農藥的使用週期，因此有可能遇到殘留較多的狀況；或者本身較柔軟、無法搓洗的水果，像是莓果類，則可多加一道浸泡的方式來處理。也就是當整體外表清洗後，浸泡在清水中，但記得要不時攪動與換水，清除溶出的農藥成分。

浸泡的時間不要超過三十分鐘，而且同樣要先浸泡才摘切，例如豆莢類要清洗浸泡後，才摘去兩端與筋絲。

這樣處理過後，通常農藥的殘留應該就很低了，幾乎對身體已經無害。而且在烹煮時，最後殘留的農藥也能隨

覺得農藥殘留較多的菜可以多浸泡。

水果果蒂一定要切除。

著蒸氣散發，因此炒菜記得先不要蓋鍋蓋，讓水蒸氣可以蒸發出去。如果是生吃的生菜或水果，我通常會用過濾水清洗一遍，更為安心。

可以削皮的蔬果，削皮食用是最好的方式，但削皮之前也要先清洗，切削時表皮上的髒汙或農藥才不會汙染到內部。此外，香蕉、橘子等水果，雖然食用時會剝皮，但也要先清洗，這樣才不會汙染到手，又間接地吃入口中。

而蔬果的蒂頭或果臍最好切除，因為這是最容易累積農藥的部位，尤其是生吃的水果，不會經過烹煮，更要留意。如蓮霧、草莓、芭樂等，建議食用前先用小刀將蒂頭或果臍挖出。

由於大多數人習慣在傳統市場購買蔬果，很難辨別是否有農藥殘留，所以在食的安全上，與其擔心，不如用心積極想辦法解決，經過儲放、清洗、削皮等方式來解決農藥殘留問題，就不用陷入這個不敢買、那個不敢吃的狀況，也更能為家人的健康把關。

TO DO

洗菜的練習

同一類型的蔬果處理方式類似，只要把蔬果分類，很快就可以學會了。不用背，只要多練習就能生巧。看看今天買了哪些蔬果，拿出來做洗菜的練習。

葉菜類：沖水 → 搓洗 → 摘切

豆莢類：沖水 → 刷洗 → 浸泡 → 摘切

根莖類：置放 → 刷洗 → 摘切

水果類：置放 → 刷洗 → 削切

莓果類：沖水 → 浸泡 → 摘切

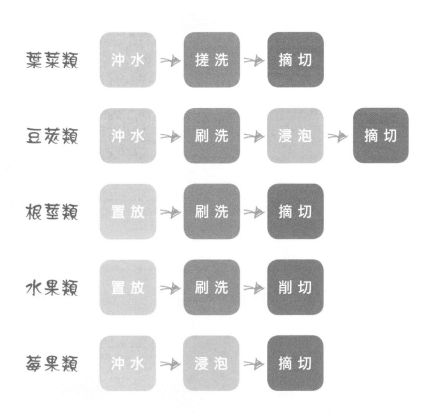

“善用冷藏與冷凍，學習省錢又方便的貯存技巧。”

我常常戲稱自己是松鼠，老是未雨綢繆囤積了很多「松果」，包括衛生紙、洗衣精等日用品，還有許多食物，一方面大量採買比較便宜，另一方面以備不時之需。松鼠的生活型態，對於現代人而言，其實極為適用。

買多了不會壞掉嗎？

近年來大家越來越注重健康養生與食材的安全，許多家庭開始自己動手煮飯做菜，希望降低對於外食的依賴。但在小家庭與雙薪家庭普遍的現代社會裡，從採買食材開始就相當傷腦筋，尤其買回的食材往往分量太多，加上早出晚歸，根本沒有餘力動手煮菜，往往任食材存放冰箱中乾枯或腐壞。

我們家就是人口少的代表，但又因為工作關係無法天天上市場，必須利用假日或有空時一次採買，把大量的食材加工貯存，如此一來不但價格便宜，且由於事先處理好，除了延長保存期限，使用時也很方便，可以縮減平日烹調的時間與麻煩，一舉數得。所以要當一隻松鼠，必須要有一身儲藏的本事，還好，要學會並不難。

蔬菜的一般儲藏

以蔬菜為例，前面採買時建議選購沒有水洗過、表面乾燥的，雖然看起來沒有那麼新鮮翠綠，但會比較耐放。如果要放冰箱，也有訣竅，先用廚房紙巾或白報紙包起來，

蔬果以紙或
保鮮膜包起，可以保持
水分與鮮度。

蔬菜放置在陰涼通風處，讓殘留農藥自然分解。

燙熟或做成涼拌菜裝盒儲存，取用、即食很方便。

裝入塑膠袋中，可以保持水分，又不會太濕，用這樣的方式處理後，放入冰箱中冷藏可以簡單保鮮。

若是處理洋蔥、蘿蔔等根莖類，未切開時可以放置在室內陰涼通風處；切開分次使用時，剩下部分只要用保鮮膜包覆剖面後紮緊，也可以保存一段時間。

加工後準備裝袋冷凍的番茄。

蔬菜簡單加工後冷凍貯存

除了冷藏，我更常利用冷凍，這是保存食物極佳的方式，甚至為此買了一個直立式冷凍櫃。冷凍食材在使用時比較方便，但在放入冷凍庫之前，可不能偷懶，一定要事先做好處理。

當從大賣場買回價格划算的大袋裝蔬菜後，我們可以先煮熟再冷凍，如青花菜、豆類、馬鈴薯、紅蘿蔔、番茄等都適用。我的做法是先將食材切成需要的大小↓煮熟放涼

↓裝袋，再放入冷凍庫，這樣就可以延長保存時間。由於已經加工過，取出解凍就可以直接使用，不用再從洗菜、切菜開始，省下不少烹調時間。

當然，食材也可以煎熟、烤熟，甚至調味後，再放入冷凍庫中貯存，全看自己的需求。我曾看過有人利用做寶寶副食品的概念，將洋蔥、番茄等蔬菜煮爛、打成泥，放到製冰盒中做成冰磚，取出就可以放入菜餚提味，或者直接丟到熱水中成為速食湯，非常方便。像這類冷凍技巧在網路上可以找到很多，也有專書提供參考，多做幾次，相信就能有所心得，可以自己嘗試做變化。

有段時間我在家趕工作，沒有很多時間煮午餐，就將蔬菜、肉、蝦等食材剁碎，做成餃子餡，自己擀皮，然後一次包了很多水餃，中午就煮水餃吃，一次吃進所有的營養。由於餡是自己做的，可以控制絞肉量，讓肥肉少一些，再放入較多的蔬菜……，如此高完成度的加工，也是一種儲藏食材的方式。

辛香料切碎冷凍，
隨時取用非常方便。

此外，辛香料也是可以冷凍保存的，有陣子我比較少開伙，每次買了蔥、香菜等配料，放在冰箱不久後就乾掉、爛掉，但若不常備在冰箱，臨時要烹調沒得用，又會少了味道。後來我將買回來的辛香料洗淨、晾乾、切碎，裝在保鮮盒或塑膠袋裡，立刻放入冷凍庫急速冷凍，不但可以保存香味，延長保存時間，又方便隨時取用。使用時要記得取出適當分量就好，其餘的要立刻放回冰庫中，以免退冰後無法保鮮。九層塔、芹菜等常用配料也可以利用這樣的方式貯存。

冷凍前記得先切分

提到冷凍食材，我得特別提醒大家，放入冷凍庫前一定要先切分。因為我曾經犯過蠢，豆腐買回來後，心想要做成凍豆腐，直覺的就放進冷凍庫中，等到要用時，才發現變成一塊豆腐磚，難以下鍋。

所以，冷凍前要先想好打算怎樣使用。例如買了一條豬里肌肉，可以分成數塊，有些切成片、有些切成絲，分別用塑膠袋裝起來再去冷凍，這樣要使用時只要拿一份出來即可。如果不分切就冷凍，只取用一部分時，就要整個拿出來解凍再切，而剩下未用的部分已經解凍，新鮮度降低，只能快點用掉，千萬別再放回去冷凍。海鮮、禽類等食材，若分量太多，也都可以在買回來的第一時間處理好，放入冷凍庫貯存。

冷凍絞肉是家常料理非常實用的食材，無論煮湯或炒菜，可以用來替代肉絲增添風味，我非常推薦大家的冰庫中都要存一些。

不過絞肉冷凍後會變成一整塊很難用，所以我會將絞肉放在塑膠袋或夾鏈袋中，壓成餅狀，中間壓出間隔，讓絞肉成為小片狀，再拿去冷凍後，每次使用只要取出一塊，十分便利。

將絞肉
裝袋分塊冷凍。

加工後冷凍的漢堡肉。

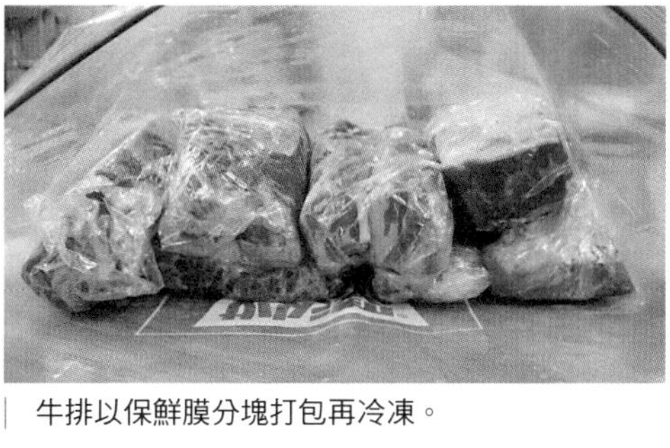

牛排以保鮮膜分塊打包再冷凍。

一定要理解的食材儲藏術

用一段簡單的故事來說明貯存食材，可能大家會更容易明瞭。

當我們買了一大把青菜，但一次只能炒一半時，剩下的就用紙包好裝進塑膠袋中，放入冰箱冷藏，這樣明後天再炒來吃，仍然新鮮好吃。

番茄這類蔬果的價格波動很大，便宜時可以多買一點，買回後用熱水燙熟，燙過的番茄很容易去皮，接著放涼裝袋冷凍，或者做成番茄泥冰磚，可以直接炒菜、煮湯或做醬料，非常方便。假如我們想煮番茄濃湯，就拿出冷凍番茄，再取一小片冷凍絞肉塊一起加水烹調即可，若冰庫中還存有事先煮好的冷凍紅蘿蔔或馬鈴薯也都可以放進去，就是一鍋營養美味的湯品。

如果想煮碗麵，總是不免要放點蔥花或香菜，只要冰庫中常備有冷凍蔥末，就不用擔心沒有青蔥可用。若是在大賣場買了大盒的鮭魚，可取出立刻要吃的分量，其餘的分袋包裝冷凍備用；想要吃不同的風味，還可用鹽醃漬冷藏，就成了鹽漬鮭魚，又是一道風味不同的菜餚。

懂得如何處理食材，就可以讓料理變得簡單又有趣，甚至在採購時先想好搭配的方法，這樣僅僅貯存幾道食材，也可以組合變化出多種不同的菜餚。

TO DO

食材的儲藏練習

想想常常會用到的食材，購買較多分量，然後練習儲藏。記得將過程先思考過一遍，並分成幾個步驟，做過一兩次後，就會很熟練了。以下是思考的範例。

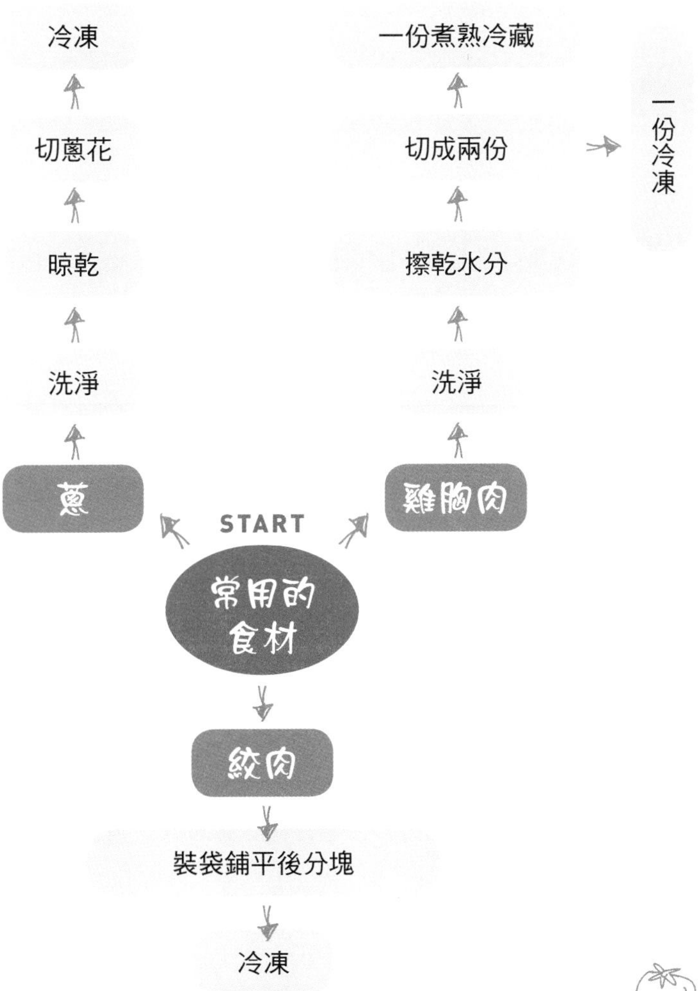

“醃漬不止是保存食物的方式，還可以做成隨時取用的食物。”

除了利用冷凍冷藏延長食材保存期限外，還可以借助老祖宗的智慧，利用古老保存食物的方法來處理食材，那就是「醃漬法」。我家集合了外省涼拌與客家醃菜之大成，常常桌上有很多醃漬菜，因此在成長的過程中，我發現懂得醃漬，不但可以儲藏食材，也能利用醃漬、發酵，使食材轉化出不同的風味。

客家酸菜、福菜、豆腐乳、醃大蒜、四川泡菜等等就不用說了，最讓我記憶深刻的是衝菜。小時候爸爸做好衝菜後，總會來戲弄我：「來聞聞，好香喔！」我就會去吸一口氣聞聞，結果想當然耳，那嗆如芥茉的味道，總是讓我眼淚直流，大概被騙了三、四次，才開始有警覺心，不再被騙。

醃漬的方法很多，剛嘗試製作時，先不用添購太多東西，利用家中現成的調味料來製作，例如醬油、味噌、鹽、糖、橄欖油等，並使用玻璃保鮮盒或現成玻璃瓶做為容器，多做幾次上手後，再開始學習難度較高、需要發酵的做法。例如用鹽醃漬魚或肉類，讓食材有不同的風味；也可以做成熟食小菜，如涼拌菜、泡菜等，一盒盒放在冰箱，隨時可以取用，不但可延長食物保存的時間，對於現代家庭而言，冰箱中常備幾道涼菜，亦減輕不少準備三餐的壓力。

輕醃漬

蔬菜是容易入味的食材，從涼拌到一夜漬，都可以做出清爽下飯的小菜，例如小黃瓜，可以用鹽或味噌單獨醃漬，也能放入大蒜、辣椒、醬油涼拌。在國中的烹飪課中，我就學會了做酸黃瓜，只要用煮開的熱糖醋水浸泡黃瓜，就能做出搭配漢堡食用的酸黃瓜，讓簡單的小黃瓜變化出不同的味道。而高麗菜、洋蔥等蔬菜也都可以切成絲，用醬油或醋去醃漬。

我們家因為不想浪費食材，常常將白蘿蔔刷洗乾淨，削下皮後用鹽醃一夜殺青，將鹽洗去瀝乾、切絲，拌入醬油、麻油，就是一道小菜，滋味是意外的好吃。

此外，我之前在檸檬盛產時買了許多有機檸檬，可以連皮食用，很適合拿來做醃漬，就做了一罐鹽漬檸檬和一罐糖漬檸檬，放兩三週後就可以使用，鹹檸檬切碎拿來搭配魚、肉或做飯糰都好吃，甜的舀一匙放入開水中攪拌，非常生津解渴。

檸檬無論以糖或鹽醃漬都好用。

醃漬與涼拌是非常好用的儲藏法。

番茄盛產時，試著以橄欖油將烤乾的小番茄醃漬裝瓶，能儲藏較久的時間。可直接食用，也可搭配義大利麵。

油醃漬

近年來，使用橄欖油烹調的家庭越來越多，而橄欖油除了料理外，也可以拿來醃食材。如果飲食比較偏西化的人，很適合製作一些油醃漬食物，尤其是辛香料類，像是油漬大蒜。

將大蒜放入橄欖油中，以微火燜熟，放涼後裝罐，再放進冰箱冷藏，就是很好運用的油漬大蒜。可以將柔軟的蒜頭連油一起用來抹麵包、做義大利麵、拌蔬菜，無論製作或使用都很方便。

小番茄、茄子也是常油漬的蔬果。做法非常簡單，只要將小番茄切半、茄子切片烘乾，放入玻璃罐，加入香料，再倒入橄欖油浸泡即可。

一罐罐的油漬蔬菜，不但好吃好用，而且相當賞心悅目。這些醃漬的方法上網搜尋就可以找到很多，記得把製作方法抄寫在筆記本中，第一次嘗試時，不要一下子做太多，先試著少量製作，再依照自己的口味慢慢調整做法，相信很快就會有屬於自己的心得與秘方。

自己也能醃出鹹雞蛋

通常我們都是想做什麼菜才去找食譜，但有時也會因為看見好食譜而技癢。之前看見鹹蛋食譜，發現製作方法一點也不難，加上覺得外面賣的加工蛋品吃起來不安心，就決定自己嘗試一下。做法簡單說就是將雞蛋放入鹽水中浸泡，如果添加八角、花椒等五香香料，吃起來也會有五香味。在此分享試做過的食譜：

材料／雞蛋數個、滷汁料（冷開水四杯、海鹽或粗鹽一杯、花椒一茶匙、八角一粒、米酒一大匙。如要增加水，其他材料亦須按比例調整）、玻璃罐和乾淨塑膠袋各一個。

作法／①玻璃罐洗淨，以熱開水燙過晾乾。

②雞蛋洗淨，以冷開水沖過後，晾乾備用。

③將滷汁料放入罐中，攪拌均勻，小心放入雞蛋。

④塑膠袋倒入冷開水，紮緊後放入罐中，壓著讓蛋不會浮起，完全泡在鹽水中。

⑤蓋上蓋子，浸泡三十至四十五天（天氣越冷，浸泡時間越長）。時間到取出，入電鍋蒸約二十分鐘，冷卻後放冰箱冷藏，慢慢享用。

TO DO

從輕醃漬開始試做

輕醃漬材料和做法都簡單，可用一種食材與一種調味，有的甚至醃一夜就可以享用。每次製作完要記得記錄到自己的筆記中。

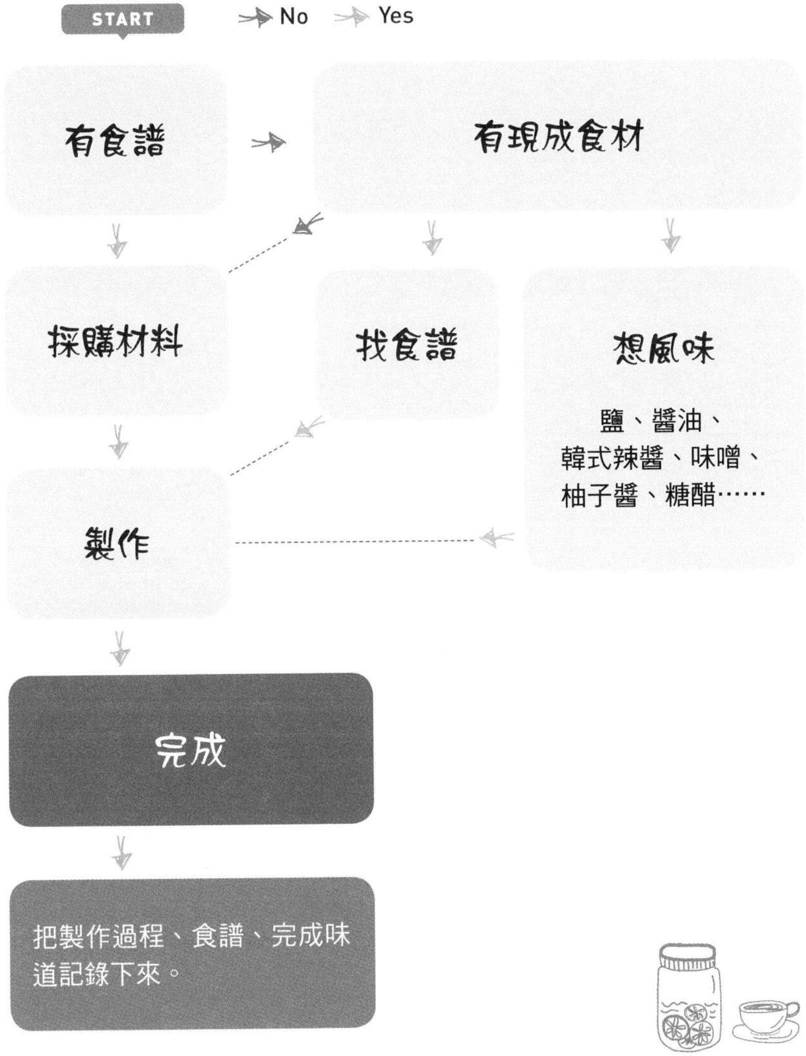

“炒、蒸、燉、燴、涼拌、烤等常見基本法。”

炒三鮮、炸排骨、燙青菜、燴海參、蒸蛋、涼拌黃瓜、烤魚……，有沒有發現這些菜的名稱中都帶有烹飪的方法？

我覺得到餐廳點菜時，對於烹調法感覺最深刻，一條魚可以蒸、炸、紅燒、燴，甚至來個三吃；想吃雞，有燒雞、白斬雞、蔥油雞……到底要選哪一道呢？所以我們常說某人特別會點菜，通常此人必定對烹調的方式有相當的認識。因此，即使是不動手做菜的人，也該利用機會認識中國菜博大精深的各種烹調法，至少點菜時很實用，不會做也要懂得吃。

由最簡單的蒸煮開始

炒與煎有什麼不同？煮與燉又有何差異？如果不是老饕或料理人，大概很少會注意到這些細節。其實在中國料理中，常見的烹飪方法有三、四十種，有些在日常生活中可見，有的做法則難得一見，甚至有些方法我還是在漫畫或卡通中看到的，所以若對料理有興趣，不妨也多看看相關漫畫。

如果是剛踏入廚房學料理的人，我覺得必須先了解基本的做法，例如：拌、蒸、煮、煎、炒等。撇開拌菜不說，「蒸」是最適合初學者的烹飪方式，也是適用於沒有廚房的租屋族的烹飪法，

用電鍋蒸煮，是最安全、簡單的方法，電鍋開關會自動跳起，也不用擔心蒸鍋的水

這叫做豬肉玫瑰。

燒乾。我曾經跟朋友合作，在《國語日報》寫過兒童食譜的專欄，當時設計的食譜都是以蒸為主，我還記得有瓜子肉、黃瓜鑲肉、香菇蝦仁等，這些料理連小朋友都可以自己動手做，而且很適合做便當菜，越蒸越好吃。我在一家蒸餃店中看過一道蒸蔬菜，把蔬菜放入蒸籠，跟蒸餃一起蒸，當時覺得這家老闆真是聰明。

不過，入門的蒸菜簡單，要進階也十分講究，例如火力大小、時間掌控，何時掀蓋等，都有不同的竅門。這就有待大家慢慢去學習與琢磨。

除了蒸之外，「煮」也是個不大需要廚藝的方法，只要把食材處理好，放入湯鍋，加水或高湯，開火煮熟，起鍋前再調味就好。之前我在朋友那裡看到了一道「玫瑰白菜豬肉鍋」的照片，因為是煮物，所以我沒有問食譜，直接自己發揮，買了白菜和火鍋豬肉片，又加了一些木耳、胡蘿蔔、金針菇等，把整個鍋排成一朵花，倒入湯汁煮二十分鐘，就可以直接端上桌，而且色香味俱全。簡單說，這道菜只要稍具美感、會排列食材，就能做得好。此外，煮泡麵也有晉級版本，加點青菜、海鮮、肉片等，同樣可以吃得很豐盛美味。

而對於初學者或沒有時間下廚的人來說，「滷」是非常好用的烹調方式。滷菜的用途多多，一次滷一鍋，不用當天吃完，可以當平時的菜餚、帶便當、下酒菜、零嘴等，因此，滷根本是料理的必殺技。

滷有分紅滷與白滷，在台灣最常見到用醬油做的紅滷，家家都有自己的獨門老滷，但大多是以蔥薑蒜、五香料、醬油、酒、鹽、冰糖等材料混合成滷汁，放入處理好的食材，如雞腿、雞翅、牛腱、豬腸等，讓食材熟成入味。

每次滷完，將滷湯煮開後靜置放涼，裝入塑膠袋冷凍，下次再滷只要添加香料與醬油，時間一久就變成老滷。但要記住，豆製品、海帶不要直接放入老滷中，而是舀一些滷汁出來單獨滷，因為豆製品容易腐敗，海帶會有黏液，都會損害滷汁。

如果想進一步學習料理，可以從炒青菜、煎蛋開始，然後慢慢進入煎魚、燴蝦、紅燒肉等家常料理。

烹調方式分類後更好認識

想知道有哪些烹調方式嗎？在此稍微做了整理。

雖然方法很多，但有些烹調法極為類似，稍做分類歸納，比較容易了解。例如最簡單的是前面提到的蒸煮滷，多利用水蒸氣或湯汁來烹調，如蒸、扣、燙、煮、燜、滷、燉、涮、汆等，由於烹調過程中沒有放油，熱量較低，很適合要減肥瘦身或注重養生的人。而如果在湯汁中勾芡，湯汁較多的是「羹」，如魷魚羹；湯汁較少的就是「燴」，如燴飯；無湯汁、只是勾芡讓菜滑嫩，則為「溜」。

要放油、用炒鍋或平底鍋來烹調的有煎、炒、炸、爆等。家庭料理中「爆」比較少見，因為是使用大火，將食材放入熱油中爆炒後快速起鍋，又分醬爆、油爆、湯爆，如

菜單中可以見識
各種烹調法。

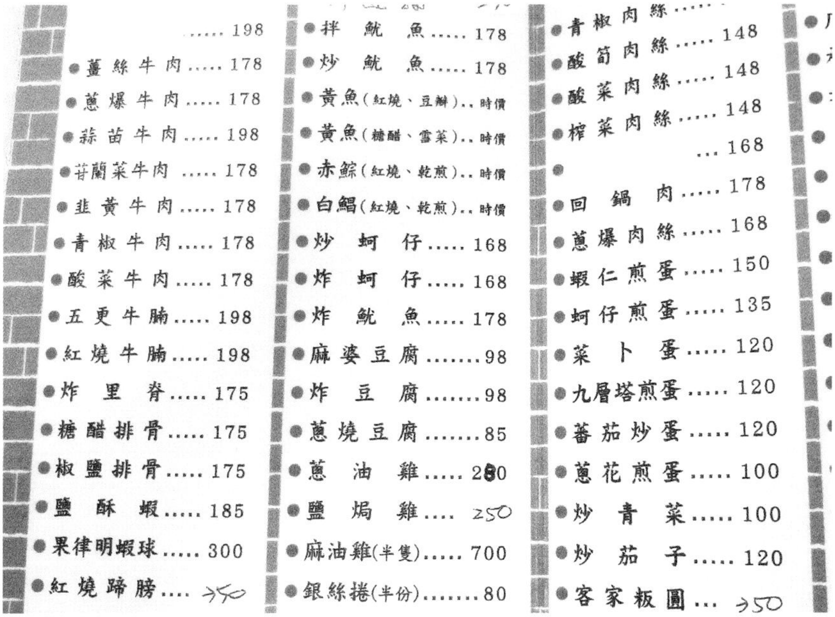
...... 198
● 薑絲牛肉 178
● 蔥爆牛肉 178
● 蒜苗牛肉 198
● 芥蘭菜牛肉 178
● 韭黃牛肉 178
● 青椒牛肉 178
● 酸菜牛肉 178
● 五更牛腩 198
● 紅燒牛腩 198
● 炸里脊 175
● 糖醋排骨 175
● 椒鹽排骨 175
● 鹽酥蝦 185
● 果律明蝦球 300
● 紅燒蹄膀 350
● 拌魷魚 178
● 炒魷魚 178
● 黃魚(紅燒、豆瓣).. 時價
● 黃魚(糖醋、雪菜).. 時價
● 赤鯮(紅燒、乾煎).. 時價
● 白鯧(紅燒、乾煎).. 時價
● 炒蚵仔 168
● 炸蚵仔 168
● 炸魷魚 178
● 麻婆豆腐 98
● 炸豆腐 98
● 蔥燒豆腐 85
● 蔥油雞 280
● 鹽焗雞 250
● 麻油雞(半隻)..... 700
● 銀絲捲(半份)....... 80
● 青椒肉絲 .....
● 酸筍肉絲 148
● 酸菜肉絲 148
● 榨菜肉絲 148
... 168
●
● 回鍋肉 178
● 蔥爆肉絲 168
● 蝦仁煎蛋 150
● 蚵仔煎蛋 135
● 菜卜蛋 120
● 九層塔煎蛋 120
● 蕃茄炒蛋 120
● 蔥花煎蛋 100
● 炒青菜 100
● 炒茄子 120
● 客家粄圓 ... 350

蒸

炸

鹽焗

紅燒

醬爆青蟹、蔥爆牛肉等，可以感受到以大火激出的鑊氣與香氣，幾乎都是下飯菜。

此外，要花點時間烹調的有燒、烤、煸、烘、焗、煨等，多以小火讓食物軟爛或熟透，如紅燒肉、烤鴨、乾煸四季豆、烘蛋、鹽焗雞、雞湯煨白菜等。

拌、泡、醉大多是涼食，如涼拌雞絲、四川泡菜、醉雞等，大多做為前菜冷盤；如果把數種涼菜裝成一盤上桌，則稱為「拼」。

過年吃的臘肉，通常會經過「燻」或「風」的製程，燻過的臘肉有柴燒的香氣，吊掛在冷冽乾燥空氣中風乾的臘肉則會產生特殊風味。

而醃、糟、醬都是經過時間洗禮，透過不同的調味料，例如放入醬油、鹽、糖等調料為「醃」；用酒糟浸泡為「糟」，如糟蝦；以豆瓣醬泡製入味，再取出煮熟是「醬」的作法，如醬肘子。

從食材採買、處理至烹調，可以說是整個料理的主要流程，剛開始接觸時，建議準備一本筆記本，以食材為主，加入採購、處理、適合如何烹調、食譜等匯集在一起，可以對料理有全面性的理解。

近年來，總覺得要記的事情越來越多，所以練習記筆記，但因為常臨時發現資料，隨手記錄的字跡潦草，也不完整，對於進行中的事情，我習慣使用便利貼來輔助，先分門別類寫在便利貼上，然後貼在筆記本，等有時間或蒐集比較完整時，再謄寫到筆記本，不過，那黃色紙條常常就一直貼在筆記上……

TO DO

上館子吃飯的記錄

自己設計記錄的方式，方便就好，也可以用手機記錄。寫下到餐館吃的菜，菜名、烹調法與自己吃出的材料。甚至吃過的感想，試著描述口感、味道，而不只是好吃不好吃，長期記錄下來，品嘗與料理功力都會大增喔！

菜名	烹調法	材料有…	其他
紅燒肉	燒	五花肉、蔥、薑、蒜、醬油、糖、蒜苗	B餐館做的比較甜，但是肉軟而不爛，一咬下去會有肉香味

C餐館/東坡肉

烹調法：燒？查作法

材料有切成方塊的五花肉及醬油、酒、冰糖等調味料

C餐館是用大塊肉去做，外型美觀，請客時可以試著這樣做

“把握技巧，就能輕鬆製作便當。”

對於便當，我有很深的愛恨情仇。

這得從小學開始說起。雖身為鑰匙兒童，但母親仍會為我準備午餐，大同電鍋連接在一個定時鐘上，時間到了，電鍋就會通電開始蒸，我回到家打開電鍋，裡面就有一碗飯菜。這是我腦海中僅存的記憶，至於什麼菜、好不好吃，已經遺忘。

升到三年級帶便當，這才是噩夢的開始。學校蒸飯箱熱過的便當，有股味道，至今難忘，種下了我很討厭吃蒸便當的因。有陣子，母親買了保溫便當給我，每天早上才裝入熱飯熱菜，中午打開來吃，雖然不是非常「燒」，至少比蒸過的便當美味多了，就這樣度過國中三年。直到長大後，我才知道有些菜並不適合做便當菜，尤其是用學校的蒸飯箱蒸，長時間燜蒸，再好吃的菜都變得難吃。

還好現在公司裡都有微波爐，「噹」一聲，快速加熱，只要火力和時間調整好，就能掌握食物原味，連蔬菜也保持青綠。因此，為了方便與健康，這幾年只要上班工作，都還是會自己帶便當。

由於近來物價上漲，午餐外食花費越來越高，加上大家越來越重視健康概念，食材安全與低鹽低油的重要性不斷地被強調，兩全其美的解決方法就是自己做便當。因此，市面上開始出現各式各樣的便當盒與便當食譜，每天自己做便當的人也越來越多。

不過，也有朋友會說：「我也想自己做，但哪裡有時間準備便當呢？」其實，做便當比想像中容易，只要把握一些技巧，再配合自己的生活環境，就能事半功倍。

結合魚鮮肉與蔬菜的營養，
用蒸的好帶飯。

以下分享幾個方便快速的方式，不止做便當，用來做平日的料理也適合。

利用傳統電鍋，輕鬆做蒸菜

我有些同事是租屋而居，沒有廚房，但卻常帶便當，原來他們在浴室中洗菜煮菜，而且大部分使用電鍋烹調。事實上，即使家有廚房，也可以多利用蒸菜，只要把組合好的食材放入電鍋中，按下開關，就可以去做其他的事情，不會占用太多時間，且因為是用「蒸」的方式烹調，更適合帶便當。

除了採用蒸的烹調法外，還要挑選合適的食材，就不會發生青菜變黃變味的狀況。

我的做法是選用適合蒸的蔬菜搭配絞肉，如大黃瓜、苦瓜、番茄都可以鑲入絞肉清蒸，絞肉中除了加入蔥、薑，還可以依照自己的喜好，添加切碎的蝦米、香菇、醬瓜等配料，讓滋味更豐富。而用燙過的高麗菜葉、豆腐皮將絞肉包成肉卷，又是另一種變化，這樣有蔬菜與肉類，營養才均衡。這些蒸菜可以一起蒸，不妨多做一些，裝在保鮮盒中，供一週之所需。

此外，電鍋除了用來蒸煮，也可以做滷菜，如滷雞腿、牛肉、蛋等，都是便當中極受歡迎的主菜。

食材切成輕薄短小，快易熟

利用蒸、滷的方法可以做出很多主菜，甚至事先做好分批使用。但有時還是需要一些煎炒的菜餚，若要節省時間，記得蔬菜要盡量切絲或切末，下鍋才快熟；肉類則選擇絞肉、火鍋肉片，快炒三分鐘就可以起鍋。

在食材的選擇上，我喜歡用菇類，例如杏鮑菇、金針菇等，營養價值高又有飽足感；還有越蒸越甜的洋蔥也不錯，與豬肉、雞肉等肉類都可搭配。此外，別小看冷凍三色豆（青豆、玉米粒、胡蘿蔔丁）或罐頭蔬菜，營養又好用，可清炒或者加入肉類拌炒，讓菜色更豐富，色香味俱全。

食材切絲或丁，快炒好熟省時間。

如果需要開胃小菜，可以多炒一些蘿蔔乾、榨菜絲等，放在冰箱中隨時取用，也是不錯的配菜。

一鍋到底，速度更快

常做菜的人都知道，每炒完一道菜，若要洗鍋，必須重新熱鍋，耗費時間又浪費瓦

一個鍋做多樣菜。

斯。因此，若要節省時間，不妨調整炒菜的順序，先炒較清淡的，再炒口味重或添加醬料的，如先清炒蔬菜，起鍋後再料理有放醬油的洋蔥炒牛肉，就可以「一鍋到底」！

我有個用了很久的平底鍋（其實它是一個鑄鐵鍋的蓋子），可以同時煎炒多樣菜，一邊煎蛋，另一邊空著的地方可以煎炒蔬菜或其他配菜，有如鐵板燒般，如此可以節省很多時間。

養成自己帶便當的習慣後，不妨利用假日一次將食材事先備好，如自製冷凍蔬菜，或者將肉類事先切好，裝入小袋備用……，只要自己動手做，會發現做便當真的一點都不難，甚至不用半小時就能搞定。除了晚上先裝好放入冰箱外，也可以利用電子鍋定時功能，隔天一早現做現裝，帶熱呼呼的便當出門。但要記得熱飯搭配熱菜，冷飯搭配冷菜，不然容易腐壞酸敗。

夏天便當不用蒸

因為自己不喜歡蒸過的便當，一直不斷研究不用蒸的便當料理。譬如說生菜沙拉，以萵苣、蘿蔓等葉菜為主，再搭配青紅椒、番茄、小黃瓜等可生食的蔬菜。還可以加些水果，例如鳳梨、蘋果、芒果等，或用罐頭水果替代，便是生菜水果沙拉。想要口感更豐富，再放些堅果；為了減重與健康因素，沙拉醬汁我選用柚子醬油或醋，有時還用自己泡的大蒜辣椒醬油。如果配水果沙拉則用優格。

除了生食外，有些食材需要加熱煮熟才能食用，例如蘆筍、四季豆、青花菜、秋葵、玉米等蔬菜，以及魚蝦海鮮、肉類或蛋等油脂少、蛋白質豐富的食材，我就用滾水燙熟後放涼，加入生菜做成沙拉，吃起來更有飽足感。由於這些食材本身就十分鮮甜，不必過多調味，有時我就只撒些鹽來提味。

滷味也是可以冷食的食物，但最好以沒有動物油脂的材料為主，例如瘦肉、花枝或甜不辣、豆腐皮、油豆腐這類油炸過的食材，可在下鍋前先用熱水將油沖掉。其他像苦瓜、竹筍、茭白筍等蔬菜也都能滷來吃。

如果覺得光吃菜吃不飽，不妨搭配同樣可冷食的義大利麵、通心粉或飯糰等主食。但若是要製作飯糰，要注意須當天現包才美味，建議利用電鍋的定時裝置，晚上預約好，早上起床就有剛煮好的米飯可用，而且包好後要等飯糰涼透，才能蓋上盒蓋。其實飯糰撒上海苔香鬆，配一杯熱茶，也可以單獨做為一餐。

便當除了帶去上班上學食用外，也可以做好放在冰箱當作三餐。這與免蒸便當是完全相反的概念，因為在非常寒冷的冬季裡，就會很想吃熱騰騰的飯菜。

記得我派駐在上海時，冬天比台北冷多了，如果煮一桌菜，最後一道做好，前面幾

手捏飯糰配上
熱湯或熱茶就是一餐。

輕食免蒸便當，適合現代人健康需求。

便當菜切絲快炒省時間。

道就涼了，非常鬱卒。後來我想到可以煮一桌菜後，分別裝成便當，每餐拿一個出來微波，就可以吃到整盒都熱騰騰的飯菜。如果家中有老年人無法自己做料理，也可以做好便當放在冰箱，就能有三餐可食，這是便當的另一個用處。

便當料理小技巧

◆讓蔬菜保持青綠

綠色蔬菜汆燙後保持青綠的祕訣是從開水中取出，立刻放到冷開水中冷卻，這樣菜才不會因餘熱而過熟變黃，可以保持脆度與青綠喔！

◆讓手不沾黏飯粒

包飯糰手不黏飯粒的祕訣是待米飯稍微降溫後，把保鮮膜覆在手上，然後放上米飯，接著利用保鮮膜塑形，就能完全不黏手。

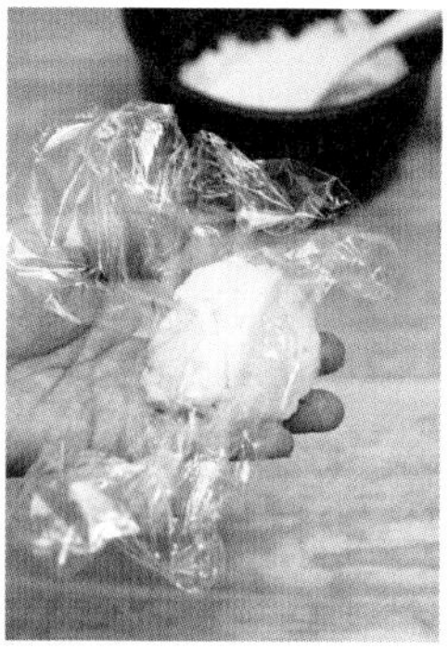

TO DO

哪種便當最適合你

根據自己的需求，找出適合自己的便當，再加以研發菜色。以下是一個基本的思考邏輯，當然可以舉一反三！

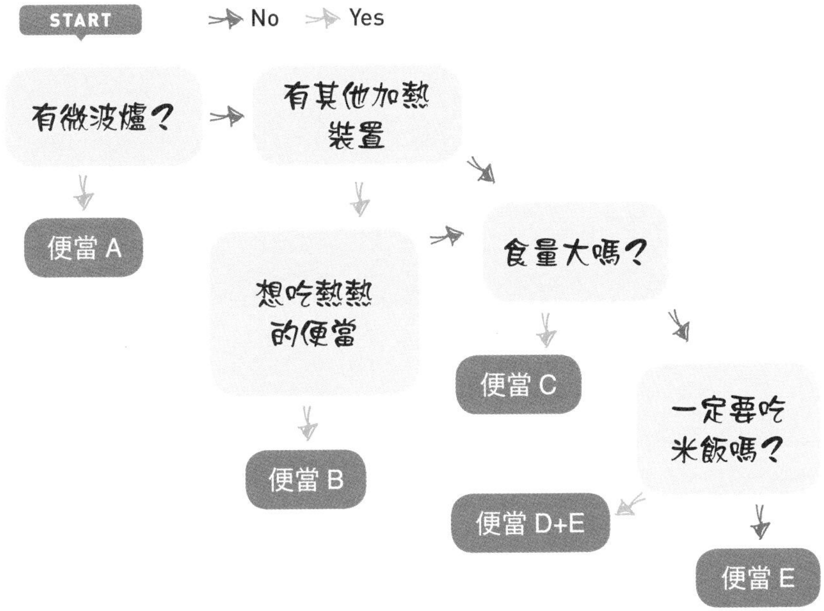

便當 A 不用設限	便當 B 蒸菜為主	便當 C 保溫便當	便當 D 現做飯糰	便當 E 免蒸便當
微波爐可快速加熱，比較不會影響菜色口感，什麼菜色都可以帶，但青蔬八分熟加熱後會更好吃。	一般多以蒸箱或烤箱加熱，所需時間較長，不適合帶綠色蔬菜，應以蒸菜為主，才會好吃。	早上現做，用保溫飯盒或燜燒罐裝盛，到中午還是溫熱的。技巧是飯盒要先用熱開水燙過，再裝入熱飯熱菜。	早上起來現做飯糰，即使冷了也很好吃。偶爾也可以換義大利麵或麵包當主食。	以不需要加熱的輕食為主，例如沙拉、滷味、白煮蛋，沒有油脂的肉類等。

只要動手做，會發現做甜點一點都不難。

西點烘焙，比較少人自己動手做，畢竟台灣到處都是西點店，連在便利商店都買得到，但大家看見朋友貼出做點心的照片時，還是會嘴裡想吃，心裡羨慕吧！

不用專業設備也能玩烘焙

不想自己做點心的原因，我猜是對於西點不熟悉，加上看見食譜書列的好多工具自己都沒有，材料也不好買，乾脆就放棄了。而我因為愛吃，即使工具材料不齊備，也想自己做做看。

起初我的烘焙器具也很陽春，在沒把握之前，我都是用最便宜、簡單的方式來做，例如布丁用電鍋蒸，蛋糕做小份點用小烤箱烤，後來才漸漸添購較堪用的器具。

前面提到過我去拜訪朋友後才解開的烤箱之謎，我當然不是用專業烤箱，以我的技巧與使用頻率，還不足以讓我買一個高價的專業烤箱。所以，大家在我臉書上看見的甜點成品，都是用兩三千元的烤箱做出來的。

跟孩子一起做更有趣

甚至沒有烤箱也能做西點喔！寫這本書之前，曾經在朋友圈募集生活願望，有朋友提出想跟小孩一起做甜點，但沒有大烤箱。我說沒問題，有電鍋和微波爐也可以做，然後就展開了一場實驗。

用杯子和電鍋
就能做出專業的布丁。

微波爐做出來的馬克杯蛋糕，充滿孩子的想像力。

那天我們做了「微波爐馬克杯蛋糕」與「電鍋蒸布丁」，過程中發現小朋友根本是毫無障礙地投入，無論是用量匙、秤材料等，都能照指示完美做到，而且其中還能加入一些物理、化學常識的機會教育。後來才知道，原來玩麵粉是孩子的最愛，小朋友從頭到尾都超興奮的。

其實做烘焙一點都不難，西點的常用材料就是蛋、麵粉與奶油，只要有這三項，就能變化出很多點心。跟孩子一起做甜點，更是有意外的樂趣，只要願意踏出第一步，就能擁有。

而且做烘焙真的會有幸福感，因為屋內會充滿著奶油的香氣。現在就給自己訂一個目標，做一份西點吧！

用蛋小提醒

如果要大量使用雞蛋時，不要一次全打在大碗裡，最好先將蛋打入小碗，確認品質完好再倒入大碗，以避免一顆壞蛋毀了整碗蛋。

TO DO

練習用電鍋做布丁

在此分享當日與小朋友一起做的甜點食譜，提供大家做為甜點入門的練習。

電鍋蒸布丁食譜

【器具】

1. 咖啡杯或茶杯，大小類似，約四個（可一起放入電鍋）
2. 蒸架、濾網

【材料】

◆ 雞蛋 2 個、鮮奶 400cc、細白砂糖 20g

【作法】

1. 牛奶加熱至不冰稍溫的狀態，放入糖攪拌至溶解。
2. 蛋打散，一邊攪拌一邊倒入牛奶，混合均勻後過篩兩次。
3. 倒入杯子中，蓋上錫箔紙，放入電鍋。
4. 電鍋加水五分之四杯，鍋蓋用筷子撐著留些空隙，按下開關，蒸 10-12 分，打開錫箔紙檢查是否凝結。
5. 取出放涼，冰入冰箱，冰涼後即可食用（也可淋上楓糖或焦糖漿增添風味）。

【焦糖漿作法】

◆ 細砂糖 60g 與 30cc 的冷水放入小鍋中，如要讓砂糖溶解，可搖晃鍋子，不要用湯匙攪拌，以小火慢煮至焦黃起泡。煮成焦糖後關火，小心慢慢倒入 40 至 60cc 的熱開水（水慢慢分次倒入，調整成自己想要的濃度），攪勻後就成為焦糖漿。裝瓶後冰在冰箱，無論吃布丁、冰淇淋等甜點都可以搭配 。

“七彩水果冰塊，好喝又好玩。”

學會自製飲品是非常划算的一件事。當有朋友到家裡玩時，即使不煮飯、點心用買的，如果能夠端出特別的飲品，就能讓人印象深刻，甚至獲得不少掌聲。而家裡若有小朋友不愛喝白開水，最好自己做天然解渴的飲料給孩子喝，讓他們遠離可樂汽水。

炎夏的花冰塊

炎炎夏日，冰涼的冷飲是大家解暑的最愛，但市售飲料常加了過量糖分與添加物，多喝容易造成身體負擔。如果是需要清涼的夏天，可以從「冰塊」著手。前面提到「冷凍」可以儲藏，所以我們可以事先做好各種滋味與花色的冰塊，想喝飲料時，直接放入冷開水中，就是一杯賞心悅目又好喝的飲料。

如果做給小朋友喝，可以試試水果冰塊，把水果切成小丁放入製冰盒，注入檸檬汁或蜂蜜水做成冰塊，再直接放入冷開水中，好喝又好玩。

製作水果冰塊有個小訣竅，就是不用一次買很多水果來做。冷凍保存時間較久，可陸續製作。今天買了奇異果，就用一部分奇異果做成冰塊；明天買了鳳梨，就做些鳳梨冰塊……幾次之後，就有很多顏色的水果冰塊了。

想要做出成人的典雅口味，家中若有種植香草或可食用的花朵，如茉莉、玫瑰等（這些花草一定要確認無農藥），可以就地取材，做成花草冰塊，放在水杯中，繽紛色彩結合沁涼的滋味，端出去招待客人，一定能贏得許多驚嘆。

把水果切塊放入製冰盒。

形形色色的水果冰塊好吸引人。

用花草做的冰塊，是成熟浪漫風格。

此外，平常喜歡喝果汁、冰咖啡的人，也可以先把果汁或咖啡做成冰塊，因為在飲料中加入冷開水製作的冰塊，會讓飲料味道越喝越淡，如果放入事先製作的飲料冰塊，味道就能始終如一。

冬天自製熱粥補充水分

冬天天氣冷，大家很容易就忘記喝水，因此，冬天更要製造攝取水分的機會。而且氣溫低時，比起喝水會更想喝熱熱的湯，不妨將湯做為補充水分的主要來源。我利用近來很夯的燜燒罐盛裝熱飲、熱湯，以便隨時取用。製作湯品的原則是使用天然蔬果、少放鹽，如果覺得味道不夠，可以用香料來提味，如蔥、蒜、義大利香料等，像是番茄湯、高麗菜湯、馬鈴薯湯。

熱熱的粥品也是不錯的選擇。前陣子製作《以粥養生》一書，天天都煮粥，每當天氣冷時，只要一在臉書上放粥的照片，許多人看了就被我拐去吃粥。冬季裡不一定要三餐時才吃粥，放在保溫罐中帶在身上，隨時可享用。記得去瑞士山上健行時，高山上氣溫很低，走到終點，同伴一定會去餐廳點一碗小麥粥，配上熱狗、一片麵包，那真是一種難以言喻的滿足。

所以，冬季如果有朋友來訪，除了奉上熱茶外，有時也會簡單沖泡杏仁茶、五穀芝麻粉等，多放點水當熱飲喝，幫助暖和身體、補充水分，是我更貼心的待客之道。

TO DO

動手自製飲料

現在很多人連冰紅茶、熱奶茶都是買外面的手搖杯，含糖量高、原料普通，偶爾喝無妨，如果養成習慣，不僅傷荷包也傷身。其實自己買茶包沖泡也很方便，放入冰塊或加入鮮奶就是一杯飲料，算一算自己泡的成本絕對划算。即使是上班，很多辦公室都有冰箱，試試看自己做。分享一些我平時做的飲料食譜，做法不是絕對，大家可以自己發揮，最好是觀察自己的環境與需求，做出屬於自己味道的自製飲料。

辦公室奶茶

最簡單的奶茶做法。

材料：紅茶包、鮮奶（甜味可用砂糖，但楓糖更健康）

作法：以平時一半量開水沖泡紅茶，加入糖溶解，再放入適量牛奶即可。

＊熱奶茶的牛奶可以稍微先溫熱，冰奶茶是先加冰塊使紅茶降溫變冷後，再倒入牛奶。

檸檬蜂蜜水

先醃好蜂蜜檸檬，要喝時加水即可。

材料：檸檬2個、蜂蜜1杯，玻璃罐1個（可以按比例增加）

作法：將檸檬洗淨切片，一片片放入玻璃罐中（可以放一兩片檸檬就放一些蜂蜜，讓蜂蜜較能覆蓋），全部裝入後蓋上蓋子，放入冰箱，約兩週後就可使用。

＊飲用時可取一兩片檸檬與一匙蜜水放入杯中，再加溫或冷開水拌勻即可。

青草茶

不需要買罐裝的，用超市青草茶包，也可以煮出退火飲料。

材料：青草茶包、水適量

作法：將水燒開，按包裝上所寫的比例與方式沖泡茶包，也可以用煮的。煮好放涼後裝瓶，放入冰箱冷藏，隨時可取用。

＊最好不要加糖，如果要加的話，可以用冰糖。

煮奶茶

如在家裡，可以試試用煮的。

材料：紅茶1茶匙、鮮奶1杯

水半杯，楓糖（蜂蜜）適量

作法：將水倒入小鍋煮沸，放入紅茶，小火煮1分鐘，再倒入牛奶，至牛奶溫熱、尚未沸騰時關火，此時茶葉味道應該已經散出，將奶茶以濾網過濾後，就能做出濃郁的奶茶，然後調味即可。

擺盤和上菜都很重要，與客人交流也不可忽略。

小時候到別人家作客，或是有客人到家裡來玩，都是令人興奮的事情，因為總是有好吃的東西，氣氛又熱鬧。現在似乎這樣的情景越來越少，假日大多數人都出門遊玩，到餐廳聚餐或者相約住民宿。但我總覺得到外面餐廳吃飯，不僅所費不貲，又有用餐時間限制，無法盡興，不如在家中辦個小派對，溫馨又實惠；有時將工作上的應酬改在家裡辦，也有不同的效果。

如果練習料理一段時間後，或許可以給自己一次展現成績的機會，利用前面所提到的一些小技巧，輕鬆準備好滿桌的美食，看起來豐富又有創意。

讓食物喬裝打扮上桌

我搬家時曾邀請朋友來溫居，當時好像鄰近聖誕節，就順便辦成聖誕PARTY。由於家庭宴會是要與朋友談天說地、聯絡感情，我可不想一直待在廚房忙著做料理，而是要與朋友在餐桌上舉杯言歡，所以菜單中很少出現熱炒類菜餚，多半是以西式或日式的餐點為主。

我還有一項常用的「伎倆」：製作過程繁複的食物就直接買成品，這樣就可以節省許多時間，例如烤雞、烤鴨、德國豬腳、生魚片等。但買回家後切記不要直接上桌，而要「喬裝打扮」一番，從外賣塑膠盒或塑膠袋中取出，放到正式的餐盤中，再用一些生菜、綠花椰菜來擺盤裝飾，就會像是自家廚房所出品。

用半成品製作加工，親手裝飾後就是豐富的宴客大餐。

有一次請朋友來家中吃飯，由於不想使用免洗餐具，前一天花我最多時間的，竟然是把碗盤、杯子從櫥櫃拿出來，洗淨烘乾。但這樣用餐氣氛完全不同，所以，如果是小家庭要請客，可別忘記點數碗盤叉筷等食器是否夠用。

而蛋糕甜點類，同樣可以切塊、裝盤再端出，感覺會更精緻；如果是聖誕主題，甚至可以撒上糖粉當作白雪，或者在盤邊放些棉花糖、爆米花等裝飾，會更加吸睛。

飲品加工更歡樂

關於飲品，前面章節中曾介紹一些自製飲品的方式，例如事先做好水果冰塊或花草冰塊，不但好保存也方便隨時取用，可以參考。如果要提供現成的汽水果汁也無妨，但可別直接整瓶放在桌上，讓客人

水果糖充滿色彩，記得要在酒杯腳上做記號，才不會拿錯。

自行取用，這樣做雖然方便，但總是少了些感覺，建議先倒入壺中，再放在餐桌上。

此外，即使提供白開水，也能有不同的變化，像是切些檸檬片放入水壺中，或是在杯中放入色彩鮮豔的水果或彩色軟糖，就會立刻多了些色彩，喝起來帶有淡淡的水果香，畢竟是一場宴席，一定要充滿歡樂氣息。

即使只有兩三位客人，如果杯子都一樣，也難免會拿錯杯子。因此，辦派對時可以事先將杯子做好記號。若是紙杯可以直接寫上名字；酒杯則有現成的酒杯環可以區分。最簡單的方法是繫上不同顏色的絲帶或貼上不同的貼紙。雖然準備的是很簡單的飲料，但從小細節能顯現出主人的細心，如果主辦的是一場商業應酬，就有可能是扭轉乾坤的關鍵。

輕鬆就可以做出各種手指點心。

簡單的自己動手做

如果有時間，簡單的點心我會自己動手做。同樣可以利用半成品，如小餅乾、吐司等當底，做些方便用手拿取食用的手指點心。這種點心很適合聊天時搭配茶飲，也特別適合下午茶的宴會。

小餅乾點心做法十分簡單，用些罐頭、現成的熟食或生菜，就可以做出各種不同的變化，例如鮪魚罐頭、小黃瓜片、番茄丁，甚至去超商買茶葉蛋代替水煮蛋，將手邊現成的東西在小餅乾上排列組合，再講究些可以到超市買煙燻鮭魚、黑橄欖、乳酪等。而利用吐司放上各種配料一起烤，就是大人小孩都愛的披薩。

在派對中水果切盤也是不可或缺，如果真的沒辦法自己做點心，可以改在水果盤上發揮，只要挑選一些不同顏色的水果，就能搭配出豐富的視覺效果，例如聖誕節可以拼個鮮豔的耶誕樹，新年時除了排個「2016」外，也可以用竹籤串起，不但有趣，而且吃起來更方便。

水果排列一下，
立刻讓人驚豔！

TO DO

派對企劃

要企劃一場宴會，有很多細節要注意，一有靈感就要趕緊寫下，所以便利貼是最好的夥伴。在此將需要注意的事項列出，無論是小朋友的生日宴會、節慶聚會，或者與閨密老友的下午茶……，不但能展現料理成績，更可練習從宴會中社交。

客人名單

是朋友聚會？
同事應酬？
是否有小孩參加？
人數？
有沒有飲食禁忌？

菜單 1

細節…

菜單 2

細節…

時間

午餐、早午餐、下午茶、晚餐…？

會待多久？

飲料水酒

細節…

點心

細節…

準備菜單

規畫菜單，
哪些買現成的？
哪些要自己做？

購物清單 1

購物清單 2

遊戲活動
話題準備

除了飲食招待外，不妨動點心思，讓客人不無聊，使聚會充滿歡樂，更顯主人功力。

“買與不買，永遠是個問題。”

說起廚房小家電，近年來種類越來越多，推陳出新，如麵包機、豆漿機、冰淇淋機、麵條機、優格機、果汁機、食物調理機、攪拌機等，我經常流連購物網站，看著各種新奇的機器，很擔心有天「手滑」就……

先考慮使用頻率

應該有很多人跟我一樣，在誘惑下徘徊，想著到底該不該買呢？我的建議是先看使用的頻率，如果確認使用率高，即使多花點錢也值得，畢竟可以節省許多時間。我家最常用的是豆漿機與麵包機，早餐就全靠這兩台，買了之後常常用，家裡就很少再買吐司麵包與豆漿了，所以非常值得。

我們家兩個人，大約一週會做一條吐司，只要放入材料，四個小時後吐司就完成了，同時享受健康與便利。後來我開始接觸歐式麵包，揉麵糰、摔麵糰，手臂幾乎都快要練出「麵糰肌」，還是揉得不夠勁，一直想買攪拌機，但在空間、預算等考量下，始終猶豫不決，後來發現麵包機前段的揉麵功能可以取代人工，就省下了這筆錢。偶爾想吃歐式麵包，就用麵包機來揉麵。

此外，果汁機也是一般家庭可以考慮購買的小家電，只是大小與功能要依自己的需求選擇，畢竟打果汁、打食材等都可以運用，我連做蘿蔔糕打米漿都用果汁機。但如果常要絞碎食材，如肉或蔬菜等，可能就要進階到食物調理機。還有許多媽媽製作副食品

用麵包機做麵糰，
就省了攪拌器。

都會添購一支攪拌棒。同樣是絞碎的功能，卻因需求不同而有各種選擇，所以購買廚房家電還要考慮清楚需求的部分。

清楚了解，仔細比較

冰淇淋機是我考慮很多年後才買的，主要是最初選擇少，也不便宜。直到某次在餐廳吃了檸檬香蜂草冰淇淋，濃厚香醇，味道很棒，想到家裡種了許多香草，其實也可以拿來「入」冰淇淋！劍及履及如我，立刻上網搜尋，發現冰淇淋機的選擇變多了，這才決定入手，只是在考慮買哪一種。後來是在預算與實際考量下做了選擇。

我挑選冰淇淋機的重點在於冰膽跟主機要分開，冰冰膽時才不會太占位置。有的廠牌還可以另外添購冰膽，使用上更有彈性。其次是依自家冰庫大小決定冰膽尺寸。當然主機馬達的穩定與耐用也很重要，因此要考慮保固年限，買了台灣可維修的公司貨。

對於購買這類型家電，我算是滿理智的，譬如說家中只有一個人喝咖啡，所以我至今還沒有買過咖啡機，仍然維持手磨手沖。但如果你不小心手滑，買了什麼東西，後來卻很少用到，建議送人或者至拍賣網站賣掉，都比放在家裡占位置好。

TO DO

購買廚房小家電考慮事項

以下將購買小家電的注意事項整理列出，每當想要買東西時，就把清單拿出來評估一下，這樣就知道該不該花這筆錢了。如果有其他考量因素，也可以自己寫上，慢慢學習理財持家、把錢花在刀口上的能力。

- ☐ 如果購買會至少一週使用一次嗎？ Yes No
  （一週一次可以購買，一個月一次要再考慮）
- ☐ 這項產品可節省很多時間或幫助很大？ Yes No
- ☐ 沒有其他替代的器具或方法？ Yes No
- ☐ 仔細比較市面上的產品特性後，找到適合自己的款式？ Yes No
  （對產品有充分的了解，才能找到適合自己的產品。如果覺得都不夠好，不要勉強購買）
- ☐ 有深入了解產品使用後的清潔或保養方式？ Yes No
  （有的機器使用便利，但是使用後的整理非常麻煩，會成為未來不想用的主因）
- ☐ 家中有足夠空間可以放置，而且好拿取？ Yes No
- ☐ 有沒有朋友曾經購買，可以詢問使用經驗？ Yes No
- ☐ 同住的家人不反對購買？ Yes No

如果全部的答案都是 YES，那就值得購買，但也要考量預算喔！

part

3

家事

聽說最近家事變成一種顯學，

趕緊去灑掃一番。

除了公主與女王，凡人很難逃得過做家事。

生活中雖然脫離不了做家事，但在寫這本書之前，我以為家事很簡單，大家都會做，例如洗衣服、倒垃圾。四處詢問後，發現原來大家的確會做，卻都做得不到位，衣服直接丟洗衣機，領口、袖口留有髒汙；垃圾隨便分類，嫌處理廚餘麻煩，就直接包在垃圾袋，大多都只求做到，不求做好。畢竟工作很忙，時間很少，偶爾如此亦不為過，我也常有惰性，但很清楚知道是自己偷懶，而不是不知道如何做好。

灑掃的重要性

後來在規畫題目時，本來想跳過清掃這個主題，卻從我的專業家庭主婦朋友口中獲知，「掃地」在家事中占有重要的一席之地，完全不可忽視。尤其家中有小孩的她，每天都要掃地保持清潔，如此注意清掃的主婦，我覺得養成應該不是在當媽媽之後，而是從小就有好的觀念與習慣，相信她在職場上也是一位幹練的工作者。因此，讓我重新看待「做家事」，發現我們要學的不只是家事本身，而是利用做家事來訓練其他的能力，甚至從中獲得靈感與創意。

其實，在儒家思想中掃除清理的事情別具意義。朱熹在《大學・章句序》中提到：「人生八歲，則自王公以下，至於庶人之子弟，皆入小學，而教之以灑掃應對進退之節，禮樂射御書數之文。」有沒有覺得很熟悉呀？

簡單的掃地行為，是從小練習勤快、注意細節、持之以恆等工作美德的訓練。是把

灰塵掃到沙發下、還是連牆角都注意了？是被交代了才掃，還是會自己制定一個規則，或者是天天會掃？仔細一想，掃地的學問真大，而生活的訓練，大多時候都會反應到未來工作的狀態呈現，這也是這本書想要分享給大家的想法之一。

或許大家可以觀察一下周遭親友，看看他們工作的態度、能力與做家事之間的關係。這些持家之道，其實就是打拚事業的縮影，兩者都需要精打細算、累積經驗，才能永續經營。如果在家庭中就受過類似訓練，進入社會後，相信也會是一個懂得思考成本、創造價值的智慧工作者。

賦予家事新意義

做家事也是一種執行能力的實踐。只要做，就會做得好、會注意很多細節、想

要去知道為什麼這樣做，甚至會想辦法改善做法、提升效率的人，在工作上的表現必定也不會差，這或許是齊家才能治國的新解。

做家事還是一項全面性的能力考驗，是需要創意與訓練管理能力的工作，更是魔鬼都在細節裡的挑戰。讓家人能過舒適整潔的生活，是非常不簡單的任務，所以我從來不小看專職的家庭主婦，也不覺得離開職場投入家庭是犧牲或放棄人生事業，因為在做好家事中獲得的成就感，是實際做過的人才知道。而且回歸家庭所做的事情，都是為了親愛的家人，又何言犧牲呢？甚至我認為家事也是一份專業工作，應該獲得一份薪水，由其他的家人來支付，拿家用錢也要理直氣壯。

雖然大部分選擇以家為職場的人多為

女性，但現今也開始有不少爸爸請育嬰假回家陪伴孩子，或者投入家事領域。做家事其實沒有性別的差異，不久前才在臉書上看見身為爸爸的朋友替孩子做的愛心便當，還做了卡通圖案，我誇獎他的優秀，他回說：「做什麼事都要用心啊，這是可以給女兒的價值觀，重點不是那個吃掉就沒了的便當。」

重視把便當做好的爸爸讓我非常感動，因為上幼稚園大班之前都是父親在家帶我。據說我出生後，父親就選擇辭掉工作在家裡照顧我，由媽媽去上班；父親後來雖然回到職場，但當我入社會後，他又屆齡退休，再度成為家庭主夫，處女座的父親做事情很仔細嚴謹，每天都會把當日氣溫與降雨機率寫在白板上，到時間就會洗米做飯……，我也在這段期間跟著父親學會了許多麵食做法，成為一個真正的北方大妞。與父親互動所得到的愛與成長，是我永遠的回憶與一生的資產。

所以，做家事的意義不僅是工作本身，還含括著親子教養、生活常識、心智歷練等內涵，這些能力可以從家庭推展到工作，而其中的觀念可以從生活延伸到人生。因此，無論是專職主婦、主夫，或者是要上班又要持家的工作者，都讓我們突破傳統價值觀，賦予家事新意義，讓做家事成為一種顯學。

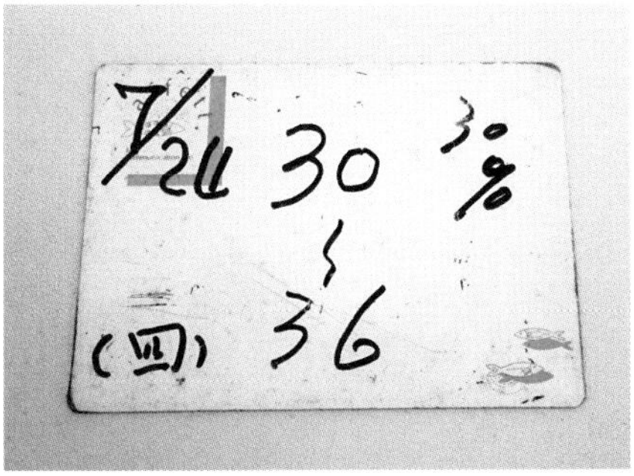

父親最後的白板。

“設立自己的家事目標吧。”

做家事說起來並不難，簡單到一般人很少想去學習，更不知道要學什麼。

家事的學習多半是經驗的累積，據觀察大部分人對於家事的概念來自原生家庭，換了一個環境後，會產生疑問或衝突，例如住宿舍有團體的規定、結婚進入另一個家庭遇到不同的家事習慣。不過，通常家事技能好的人很快就能適應，這與換工作很類似，能力好的人到哪裡都能做得好。

如果要描繪家事人的模樣，我會說：小時候家中一定有分擔家事的需求，父母長輩會指點做法；有的人會主動研究，越做越好，也許也會越做越多，常被稱讚「很能幹」。而這種特點通常會帶到職場，他們不只是動口，還會自己動手，不但會面對問題，而且很自動會去解決問題。

做家事的確就是解決很多問題：在有限的時間與金錢資源下，解決環境髒亂、衣服不乾淨等問題。熟練的家事人靠養成習慣，反射性的快速處理；聰明的家事人會想辦法預防問題發生，例如做好收納、定時清理、讓家人養成良好習慣等。

同樣的，進入家事領域第一件事也是分解它、了解它，接著是常常做，熟能生巧，觀察達人的做法，找出更好的方法。我將一般的家事重點整理出來，分成十個練習，其實大家平日都有做，因此會發現有很多檢查清單（check list），協助確認有沒有疏漏，或者提出一些創意想法，刺激大家延伸思考。建議因應時節、需求、興趣，找一個題目開始理解它、分解它、練習它，甚至找資料精進它。

不像料理那樣複雜，需要記筆記，但請一定要摸著良心，把那些簡單的細節做好，練習自己督促自己，不要輕易放棄，一定就能成功做好。如果你需要「掌管」全家的家事，不妨運用工作上的領導哲學，讓家人一起分工合作，並且記得鼓勵家裡任何一個願意分擔家事的人。

持家也需要精打細算，節省用電更有環保意義。

**“不同的地板材質，
清潔的方法不同喔。”**

前面提到古人從小訓練灑掃應對進退，可見掃除工作的重要性，不過，古人掃地的工作似乎比較單純。

依照地板決定工具

現代人家中地板種類多，有地磚、木製地板、地毯等各種不同材質，清掃方式和工具也不同，加上國人有進屋脫鞋的習慣，室內不止要用掃把掃地，還得擦得乾乾淨淨，所以每個人都需要找出一套適合的方式，而且要快速簡單，才會好做，才能常常做。

首先，如果有能力或機會選擇地板材質，在選擇之前就應該想好未來維護清掃的問題，避免造成自己的負擔。

記得小時候家裡鋪過地毯，走起來好軟，冬天好暖和，但滿足了心裡的感受，卻不夠現實，因為有養狗、加上清理不便又不耐髒，沒兩年就換成塑膠地板。我想父母若知道鋪地毯帶來的麻煩這麼多，早先就不會選擇鋪地毯了。但如果家中環境允許或需要，也不要因噎廢食，這種考量也是一種決策，考驗持家的智慧，比工作上的決策應該簡單許多，在有機會決定時切勿輕忽。

所以，清掃的第一步便是了解自己的地板。針對地板材質找到適合的工具，例如掃把、除塵紙、吸塵器……如果有預算的話，掃地機也是種選擇。而除了掃地外，要不要拖地板，是要手拿抹布去擦、還是用拖把？該選用哪種拖把？

清潔要從上而下，
先撣撣櫃子、架子上的灰塵。

掃除工具都選粉彩色，
工作心情好。

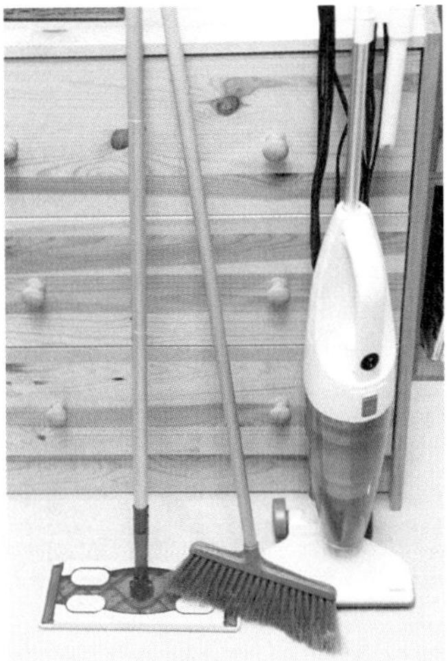

排出掃地時間表

接著是訂出清掃的頻率。這也是依照每個人的作息、環境與生活節奏而定。像我就不可能天天掃，也因為家裡都是成人，很容易維持清潔，而且平日要工作，只有弄髒時拿出清潔工具處理，等放假才有時間掃地、拖地。雖然有人仰賴掃地機，但也要花時間清理保養機器，千萬不要以為一機在家，萬事就OK。

一般地板可能用掃把或除塵紙就可以清理乾淨；而地毯除了吸塵外，要安排每隔一段時間使用專用清潔劑清理；木製地板則要上蠟和保養。尤其是後兩者，沒有定期處理的話，累積下來後果就是越來越難處理，所以一定要排程去做。

有沒有注意地板是怎樣變髒的？哪些地方容易髒？觀察力的訓練也隱藏在掃地這項家事中。可不可以預防呢？做事的先後順序也在其中，例如地板踩在腳下，所有櫥櫃、桌子上的灰塵、髒汙都會往下掉，所以掃地之前得先清掃高處，以免清理好的地板又弄髒了。

在想著掃地的流程時，我突然覺得掃地不是一件簡單的事情，古人真的太睿智了，或許每個家庭都應該從小就訓練孩子掃地。

TO DO

制定有效率的清掃計畫

清掃是制式且規則的動作，簡單中有著慣性，找到正確方法就能快速完成，成果斐然，到底其中的哲學為何？只有認真做的人才知道。做法仍因人與環境而異，首先就是找到適合的方法與頻率。

Step 1

確認家中地板是何種材質，蒐集清潔與保養的資料。

找資料的過程中會有很多意外收穫。

- 木地板 → 哪一種木地板？＿＿＿＿＿
- 塑膠地板
- 地磚
- 地毯
- 其他＿＿＿＿

（虛線框）內為關鍵字，以（虛線框）清潔、（虛線框）保養去搜尋，就能找到答案。

Step 2

依照特性，準備工具與清潔用品。

用品用完要記得補充。

tools

- ☐掃把　☐吸塵器/強力吸塵器
- ☐拖把　☐除塵紙

point

- ☐容易刮傷　☐怕水不可溼拖
- ☐怕晒(要窗簾)　☐定期專人清理
- ☐要使用保養品（油、蠟…等）

Step 3

規畫固定的掃除與保養時間。

依照自己的生活去制定，寫在行事曆中，定時執行。

- 平日清潔。如一週一次。
- 定期保養或深度清潔。如一月一次。
- 請專人保養。如半年或一年一次，要記得先預約。

有時候，會很想要納尼亞傳奇中的衣櫥。

提到收納，近年來最熱門應該是「斷捨離」的概念了。但總覺得「斷捨離」是一種生活方式，甚至人生態度，已經超越收納的範圍太多；而我自己因生活與工作的型態，加上個性使然，應該是永遠達不到斷捨離的境界，甚至在收納上並不求非常整齊，而是帶點隨興。

我們在公司管理上常說當制度違反人性，就會很難執行，生活也是如此。因此，我的收納原則絕對是非常鬆且平凡，只要略微懂得分類的邏輯，大家一定都可以做得到；而當家中物品分門別類整理完後，或許會想要整理人生，更積極的面對未來。

收納讓環境變天堂

從小我就幻想有一個大衣櫥，不是想要放很多漂亮的衣服，而是希望有客人來時，可以把所有的東西丟進去，三分鐘就讓房間整齊清潔。入社會後，大衣櫥的夢想還是沒有實現，每當忙碌起來，往往連睡覺時間都不夠，此時房間內必定是小雜亂，但還好有收納的規畫，加上「遮掩」的設計，如抽屜、垂簾等，稍做整理還是可以見人。

市面上有許多收納的書籍，生活類雜誌也常會做收納單元，可見需求之大，但還是有不少人看完書，無法照著持續做下去，而且收不盡、理更亂，一旦開始動手收拾，可能就要收個三天三夜，或許只維持不到三十天，接著再找一本收納的書來看。

由於收納屬於非常個人化的工作，與個性、生活環境、作息等都有相關，因此，要

規畫自己的收納，不能只單看收納方式，而是要整體思考，找出最適合自己的方式。以我而言，很多不常用的東西都不能丟，難看的就儲藏起來，別緻的就直接放在櫃上，當作擺飾，魚目混珠的讓雜亂成為故意。

有次同學到我家玩，看了看房間說：「我覺得妳這裡超有生活感的。」這句話令我如醍醐灌頂，恍然大悟：原來這是種生活感，而不是亂。不過即使自我感覺再良好，還是得回歸現實，做好屬於自己的收納。

處理不需要的物品

收納雖然沒有一定的方法，但還是有原則的。

首先是衣服、書籍、雜誌，甚至是玩具等，只要沒用到的就可以立即處理。處理的方式很多，可以丟棄、捐贈，或者轉換另一種方式留存。例如舊的或穿不上的衣服，就要捨得丟棄、再利用或送人；書籍可以捐給偏鄉或圖書館，或者轉賣給二手書店。我有些朋友的孩子長大，玩具已經不適齡時，他們會先與孩子溝通，請孩子自己決定哪些玩具要送人，利用這個機會學習分享，十分令我佩服。

此外，近年來有個名詞叫「自炊」，這個來自日本的名詞，與煮飯完全無關，而是由於數位化時代來臨，他們將紙本書透過掃描做數位化的處理。如此將實體書數位化後，可以省下很多空間。我則是將以往剪報、影印蒐集資料的習慣，改成掃描或拍成數電腦平板或手機都能看雜誌喔！

位照片，再將檔案分類，非常節省空間且環保，無論要查詢或閱讀都更方便，不用為了雜誌中一篇報導就得整本留存，甚至也不用剪下來，如果是閱讀電子雜誌更簡單，只要擷取螢幕就可以「剪報」了。

最好的丟棄時機是過年或者換季時，整理之際順便檢視家中還有哪些要丟的東西，像是壞掉的電器、老舊的家具……都應趕緊清出來。若有大型物件要處理，可以打電話給各地清潔隊，約定時間來收運。

收納之前先分類

如果捨棄功夫做得不好沒關係，應該就是跟我一樣的松鼠特質，總是要儲藏才有安全感，但分類技巧就不可或缺了。收納的方式有很多種，基本上可以分為開放式和隱藏式，所以要先做好分類，才能決定如何收納。

使用頻率高的物品，最好採開放式收納，以免要用時花很多時間取得或尋找，例如家家都有的遙控器，不妨用一個漂亮的盒子，將電視、錄影機、音響等遙控器集中擺放，而不是散落在客廳各處。

若是自己不擅長布置，覺得東西零碎雜亂很難擺放，那麼就採取隱藏式收納，但隱藏並不是把所有的東西都塞進箱子或抽屜就算完成，而是要依照物品的功能、大小，分層裝進適當的抽屜或收納箱，不僅整齊，取用時會更便利。例如筆、刀片、尺等文具，可集中放置一處，要使用時才能隨時找到，用完也方便歸位。很多人東西不斷增加，是因為要用時找不到，又去買新的，才會造成物品越來越多。

抽屜中要放置較小的東西，可先用小盒裝好，這樣除了整齊外，還能裝入更多的東西，例如湯匙、叉子可以專用的分隔盒子裝好，再放進抽屜。我在家具賣場買到許多式樣不錯的紙箱盒，有開蓋式或抽屜式、塑膠盒或紙盒，還有各種花樣或顏色，選擇非常多，即使放在外面也很好看。

如果以不透明的收納盒來裝置物品，我會用標籤標明盒子裡裝的是哪一類物品，才方便尋找。各種大小的夾鏈袋也是收納好幫手，無論是開封的食品、各種雜亂的收據，或者是電器線材等，都可以用夾鏈袋分類裝好，由於是透明材質，不但在使用時方便尋找，也可隔絕溼氣與灰塵。

不常用或季節用品建議打包裝箱，放置在櫥櫃內或床底下，空間才會清爽。裝大件衣物或被褥的真空收納袋，可以立刻讓物品變小好多倍，也是收納必備的好物。

當辛苦完成收納工作後，應該會感慨東西為何那麼多。因此，收納工作之本要回歸到買東西時，一定要想好是真的需要才買。如果有確切執行，相信不論何時整理家居，都會十分輕鬆如意！

夾鏈袋什麼都能裝喔！

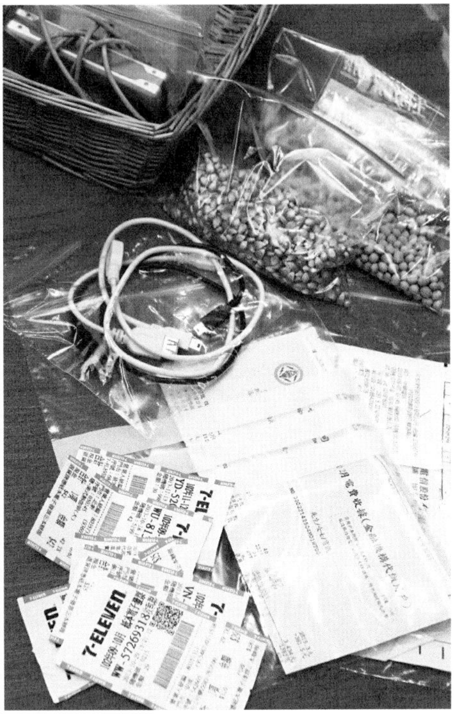

東西用盒子裝起來，分門別類，顯得整齊。

外面貼上標籤，找東西方便。

冰箱的收納

食材也需要收納，尤其放置在冰箱內時，更要好好分類，這樣才好盤點與快速拿取，例如將肉類集中在一個冰櫃，海鮮在另一層，瓶瓶罐罐的常用調味料則用盒子集中裝起，再擺入冰箱。

為了不要使打開冰箱的時間太久，我找了一個磁鐵白板貼在冰箱上，隨時寫上冰箱中的東西，一目了然，門一開啟就可以很快找到物品，不但方便也節省電力。

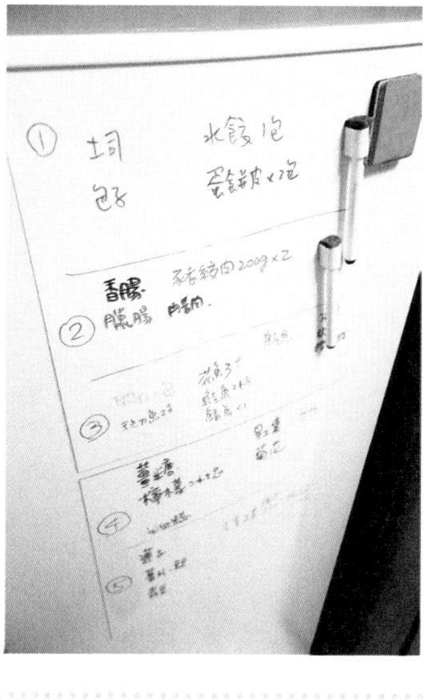

從收納中找到好感覺

收納的工作很像是益智遊戲，丟、收、取有先後順序，要先騰出空間，再整齊放入物品，因此做之前要先想一遍流程。整理時，腦袋中往往會有很多事情浮現，也是整理自己想法的好時機。如果有煩惱與壓力，不妨一個人進行，就像展開一場心靈療癒。

Step 1

思考與想像。

收納與擺設往往牽一髮動全身，設定先後順序，謀定而後動，才能更有效率。

point

1. 完成收納後看不見的地方，如儲藏室、床底下、櫥櫃等。可放較少取用的東西。
2. 如何處理開放式的收納。層板、架子等處可放常取用且好看的物品。
3. 參考相關書籍，看是否有符合自己需求與喜歡的點子。隨時記下來，或用手機拍照留存。

Step 2

跟自己預約一段時間。

如果要好好改造一番，整理收納會需要不少時間，而且一口氣做完最好。

point

1. 最好在假日，且第二天還放假，才不會太匆忙。
2. 將購買收納用品、清洗物品的時間也估算進去，這些可以分段做。

Step 3

進行中…

按照順序進行，做就是了，一旦開始可能就是一團混亂，無論如何只要做完，就會煥然一新。

Step 4

完成！

泡杯茶配甜點，給自己一個鼓勵。美好的空間會帶來不同的感受！這就是生活力！

我也想知道客廳沒有電視機，生活會變怎樣呢？

近年來，在住家布置的流行趨勢上，似乎瀰漫著一股「把家布置成咖啡館」的氣息，進入家門不再是刻板印象的客廳，一定放著沙發或電視機，可以只是一張大桌子，或者有個小吧檯，書、杯具都能陳列擺放；甚至書桌即餐桌的複合式空間使用方式，也很適合做都會裡空間較小的居家規畫參考。

開放式收納是一種布置概念

無論是否要將家裡布置成咖啡館，這種開放性收納方式都是值得學習的。譬如沒有預算大興土木裝修房子、或者租屋而居的人，通常只能選擇軟裝修，就可以利用開放式收納來布置，讓家更溫馨舒適。

如果有些物品具有設計感且美觀，我們其實可以開放擺設，如鍋碗食器、擺飾玩偶等，整齊擺放在架子上，就像在店中的櫥窗或展示櫃，順帶也可以裝飾家裡。像我們家的廚房，就把常用的鍋子放在層架上。現在的鍋子顏色鮮豔，又有設計，藏在流理檯中也太浪費了。此外，把香料用玻璃瓶分裝起來，不但拿取方便，也是非常有「味道」的裝飾品。

衣服開放擺放如同服飾店

此外，衣服也很適合做開放式收納。最初會這樣做，是因為沒有空間做更衣室，或

廚房常用的物品採開放式收納，
便利又美觀。

將好看的物品「擺出來」，
而不是收起來。

者放更多的衣櫃，所以我就去找了一些籐籃，直接採用開放式收納。

在使用後，我才發現開放式收納衣物的好處。首先，有些衣服並不是穿一次就洗，像是冬天的毛衣，穿過不能直接放回密閉的衣櫃，就可以摺好放在籐籃，透氣又整齊。將籐籃豎起擺放，一眼可以看到衣服放在哪裡，搭配衣服也不用再翻箱倒櫃。

衣物本身的色彩堆疊在籐籃裡，讓人覺得很好看，想像一下逛服飾店那種感覺，衣服不是都疊得好好的展示在四周嗎？開放式收納的布置方式就是那樣的概念。

那些籃子可是我花不少時間去家飾賣場找的，不但要看大小、質感，還要看價格。找籃子是最花工夫的一環。如果房間走的是年輕爽朗的現代風格，就可以用摺疊堆層的收納盒。最近看見賣場有果凍顏色的收納盒，也讓我十分動心。

除了籐籃之外，之前用來當書架的原木木箱，也被我拿來放衣服，像是比較厚重的長褲，就很適合用木箱來收納。如果多點巧思，找塊好看的布料搭配一下，就是很棒的布置。

開放式收納有個小小的缺點，就是要很勤勞的整理衣服。不然就要祈禱不會有客人突然來拜訪，因為很難把衣服一股腦的都塞進櫥櫃藏起來。不過也不用擔心，有變通的方式因應：平日自己使用時就將籃子豎放，方便找衣服；但客人來時，將籃子口朝上，蓋塊布，或者用折好的毛巾放在最上層，這樣整齊的感覺就出現了。利用物品本身的色彩與擺放，做開放式的整理與收納，其實更貼近實用，生活與設計感兼具。

替家中物品找到容身之處

有些物品適合藏到櫥櫃深處，有些則不妨拿出來展示。無法判斷？很矛盾？把決策的關鍵因素做成一個 YES/NO 小測驗，做好收納又同時美化環境。

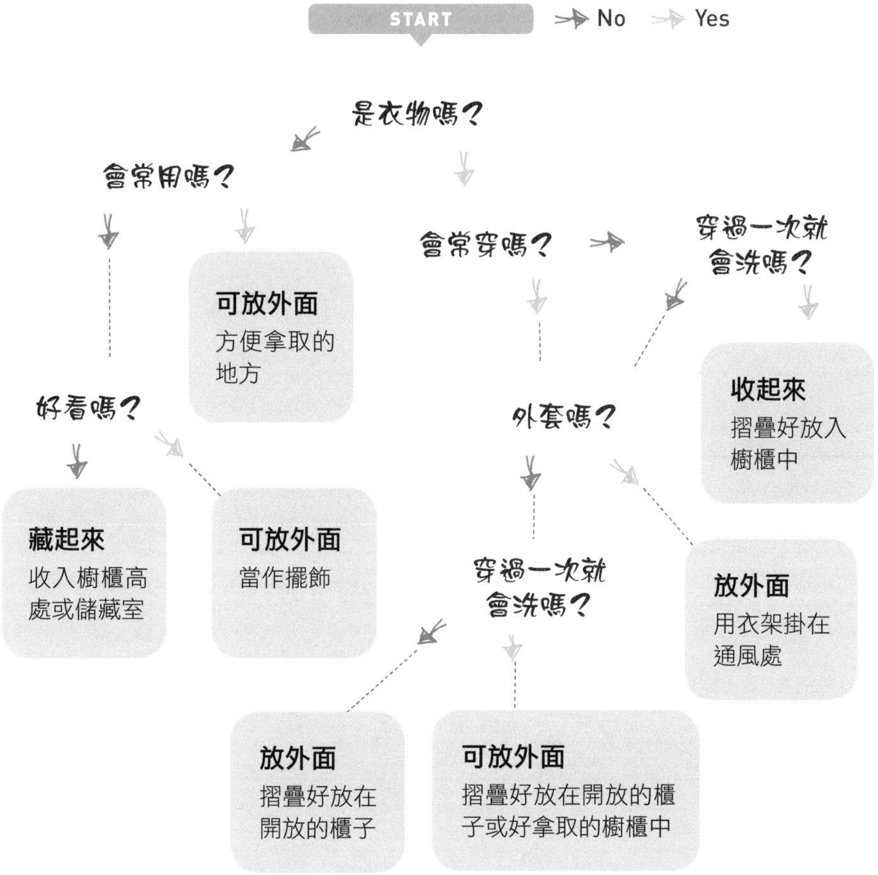

- 放外面：不要放在密閉櫥櫃或抽屜中。
- 可放外面：開放或密閉櫥櫃都可。
- 收起來：放在隨時可拿到的櫥櫃中。
- 藏起來：可儲藏起來，放在儲藏室或櫥櫃深層高處。

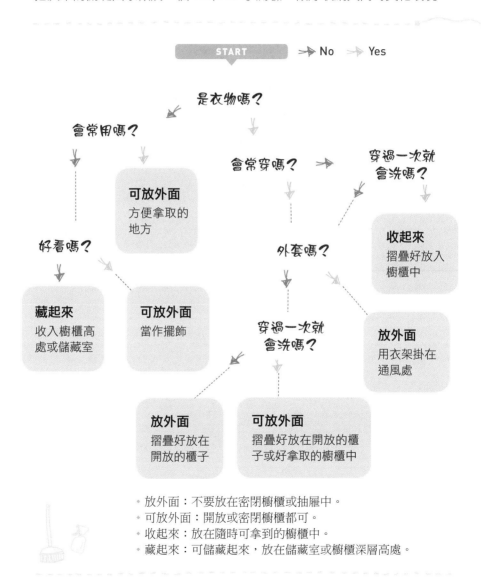

“ 材質好的衣服，
好好保養應該可以傳家。”

曾聽過一個朋友抱怨，在自助洗衣店洗衣服時，一對年輕人進來，把衣服丟入烘乾機中，接著就聞到一股難聞的味道，像是那些衣服在洗衣機悶過一段時間才拿出來，又不重洗就直接烘乾，當下若不是無法丟下正在洗的衣服，他真的很想掩鼻而逃。我們聽了都大呼不可思議，通常衣服放在洗衣機中忘了處理，一定會重洗，不然乾了會有股味道，穿在身上不是很難過嗎？

後來我跟朋友討論過現代人不大重視洗衣服的問題，結論是或許現在衣服都是速成經濟下的產物，穿一季可能就丟棄了，因此在清洗保養上就不用太費心。但我總覺得有些質料好的衣服還是可以穿上很多年，像我有件母親手織的毛海毛衣，算算已經有三十年歷史，上次跟同學聚會時，有人認出這件衣服，驚嘆竟保存得這麼好。我想應該就是注意清洗、收藏等細節，衣服才能「常保青春」。

忙碌的現代生活中，大多數人都使用洗衣機來洗衣服，感覺好像很簡單，不過我常會發現有些人的衣服上有汙漬沒洗乾淨，或者衣服變形，甚至是白襯衫沾染到牛仔褲的藍……。

我有一部分的衣服是用手洗，例如內衣褲、襪子，以及羊毛、絲質的衣物等，不過大部分還是得利用洗衣機的便利，但為了洗得更乾淨且不傷衣物，我常常會留意一些洗衣的技巧，詢問朋友或檢討自己的失敗經驗，並且記錄下來。

以下整理一些簡單的洗衣常識和技巧與大家分享：

留意洗標

洗標通常縫在衣服內裡或直接打印在衣服上，標示出這件衣服清洗的方式：水洗、烘乾、熨燙等，要看清楚可水洗才能放入洗衣機；有些柔細的衣物雖然可以水洗，但會另外再標示只能手洗。在洗衣服之前，應先翻看洗標，再決定如何清洗。

衣物分類

深色與淺色的衣物最好分開清洗。深色衣物容易褪色，例如藍色牛仔褲、深色棉質T恤等，可以泡在水裡觀察，若水會變色就要另外洗，不然會沾染到淺色衣服。如果無法一天洗兩次衣服，可以一天洗深色、一天洗淺色衣物。而厚重或大型的衣物最好也分開清洗，選擇洗衣機厚重衣物功能，不但能洗得更乾淨，也比較不會損害洗衣機。

事先處理髒汙

衣服領口、袖口是最容易弄髒的小地方，在放入洗衣機清洗前，必須先用清潔劑刷洗，才能徹底洗淨。特別髒的襪子，可以先用小蘇打加入水中浸泡，搓揉後再放入洗衣機。此外，生活中常出現意外，例如衣服沾到口紅、粉底等化妝品，可以試著用卸妝油處理掉；吃飯滴到的油漬，除了當場立刻用餐巾紙擦拭外，之後可以用洗碗精局部洗淨

洗劑種類
多樣。

深、淺衣物
分開洗。

衣服好好對待
才會美麗。

洗衣小工具。

……。這些清理汙漬的小技巧，在網路上很容易搜尋到，遇到狀況隨時可以查詢。

檢查口袋、扣上釦子

檢查口袋這件事我偶爾也會忘記，然後就會看見洗衣機水面上飄著衛生紙屑，沾黏在衣服上也很難去除。有時甚至還會洗掉發票、鈔票，若是洗壞了，真是可惜。好在這種事情偶爾才發生。如果衣物有大釦子或金屬釦，建議扣上後將衣物翻面，再放入洗衣機，就不用擔心攪動時釦子被打壞，或者損害洗衣機內部。

選擇合適的清潔劑

洗衣服的清潔劑種類非常多，清潔效果也不一樣，例如以型態來分有洗衣粉、洗衣皂、洗衣精等，在功能上則有增豔、潔白或是不傷衣料的柔洗精等，家裡可以多準備幾種，視衣物的質料與性質來選擇清潔劑，而不是只使用一種清潔劑。如果不需要太強的洗淨力，可以選用天然肥皂製作的洗衣精或洗衣粉，對身體與環境都好。

弄懂洗衣機上的每個功能

發現很多人使用電器前並不會先看說明書，現在的電器都很聰明，有很多電腦程序的功能，例如定時預約、設定程序等，可以好好利用，事半功倍。趕緊找出洗衣機說明書，把所有功能和注意事項看一遍，有需要的不妨寫在便利貼上，貼在洗衣機附近。

只放八分滿

我家的老爺洗衣機用了十多年，仍然「年輕力壯」，我們歸功於使用方式得當。我想大多數家庭還是使用直立攪拌式洗衣機，或許可試試洗衣時衣物只放七、八分滿，如果衣服過多就分次洗，否則一次放入太多衣物，就沒有空間迴旋攪動，比較難洗淨，也增加機器的負擔。而且衣服要一件件放入，平衡洗衣機內槽的負重，並選擇合適的水位，才能順利地攪動。這也是讓洗衣機不容易故障的方式。

注意避免使用柔軟精的衣物

柔軟精能讓衣服纖維柔軟，穿起來更舒適，但不是每種衣服都適合使用。像我常穿排汗透氣質料的衣物，就很少使用柔軟精，因為容易阻塞這類衣物的纖維，失去排汗效果，所以要避免使用。如果一不小心用了，可以放到盆子用溫水浸泡，以一般的洗衣清潔劑再洗一次，使柔軟精的成分釋出就好。

利用小工具

如果沒時間手洗衣物，一定要使用洗衣機，可以利用一些小工具助你一臂之力，例如將貼身衣物或標明要手洗的衣物放入洗衣網袋中，並搭配洗衣機的柔洗功能清洗；衣服特別髒的話，可以丟入洗衣球，幫助搓揉洗淨髒汙；還可以放入過濾浮球，撈起棉絮雜質，以免沾黏在衣服上。在網路商城或日系生活雜貨店，很容易可以買到各式各樣的洗衣小工具。

洗好脫水後立刻取出晾晒

衣服洗好脫水後，一定要盡快取出晾晒，如果放置一段時間，衣服可能會悶出味道，也會產生皺褶。此外，晾衣服之前，不妨用力抖幾下，讓衣服稍微攤平，晾乾後甚至不用整燙就可以很平整。

對上班族而言，服裝是他人接觸到你的第一眼印象，重點不在衣服品牌與華麗，而在於是否整潔乾淨，如衣領、袖口的潔淨，以及釦子有沒有掉等細節，都是職場形象，不可輕忽。

洗衣服該注意的事項看似多又麻煩，但只要稍加注意就能習慣成自然，不僅能節省時間，還能洗出更乾淨的衣物，讓自己的形象也閃閃動人！

練習看懂洗標

通常洗壞的衣服都很貴，所以要養成洗衣之前先看洗標的習慣，這些標誌都很簡單，可以望圖生義，跟它們熟悉一下吧。

“ 清洗晾乾再收藏，以免來年打開箱子時悔不當初。”

小時候大人總說冬衣要過了端午才能全部收起來，但這幾年冬中有夏，夏中有冬，讓衣服換季時間更難抓了。服飾換季也是收納的一部分，以冬衣換夏裝比較費事，因為冬天的衣服厚重，無論是清洗、整理或儲藏都比較麻煩，所以我會在天氣逐漸回溫時，就開始一週一週慢慢處理，騰出空間，先放一些春夏的衣服備用。這樣一次處理一些比較好做，也預防突然又變冷時，還有些冬衣可穿。

清洗晾乾是首要原則

會特別提到冬衣的處理，表示收藏厚重的冬衣絕不是丟到箱子裡，或找個大袋子束之高閣就好，一定要經過清洗、晾乾，才能收起來，等隔年的冬季取出時，衣服才不會產生斑點或發霉，而能夠亮麗如新。

有人以為冬天的衣服才穿過一、兩次，不用洗就可以收起來，但衣服只要穿過，就會吸收汗水、香水等物質，導致衣服變色發黃，所以收藏前一定要先清洗乾淨。

在前篇中提到洗衣前要先看洗標，確認是否可以用洗衣機洗、可否漂白或烘乾等，尤其是冬衣的質料較多樣，更要按照標示的清洗方式處理。洗淨後，記得要完全晾乾，才能收入箱子或櫥櫃。

如果天候不佳或天氣潮溼，衣服常晾不乾怎麼辦？我們家的方法是把衣服掛在一個小房間中，然後打開除溼機，約二至三小時，衣服就會變得十分乾爽。選擇小空間是因

收納時，
可以利用折疊、
捲收等方式。

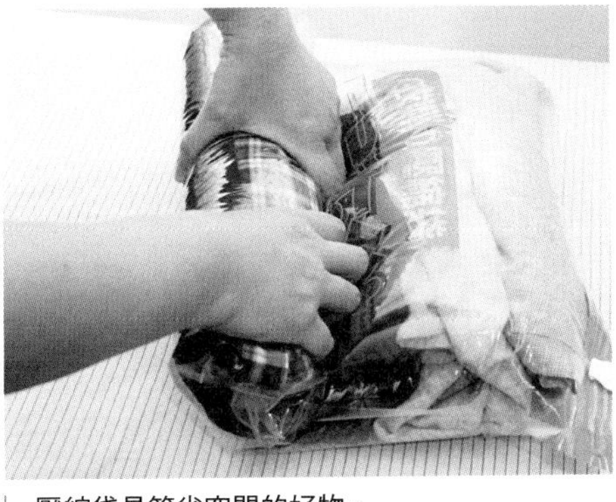

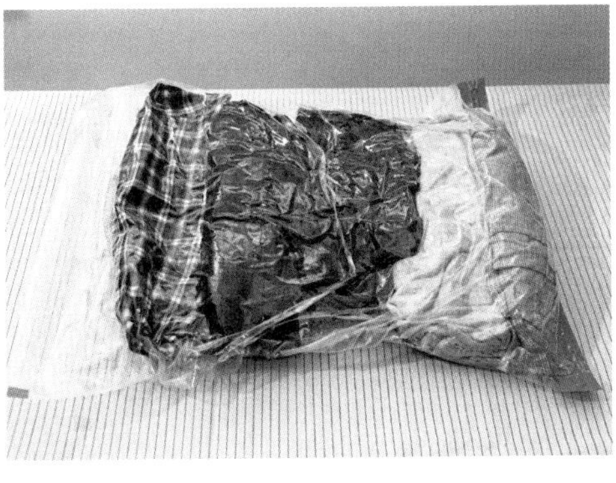

壓縮袋是節省空間的好物。

為除溼功效比較大。也可以把衣服掛在浴室，順便替浴室除溼，減少黴菌滋生的機會。

依照需求選擇收納方法

清洗完就可以開始收納了。一般襯衫、高領衫等，隨自己方便摺好即可；如果是毛衣這類怕壓的材質，不妨用捲的方式來整理，簡單將袖子內折，捲成一卷卷後放入收納箱中。

選購收納箱時，建議不要挑太大，一方面箱子大的話裝滿會太重，搬移比較費力；另一方面，多幾個箱子便於分類，例如毛衣放一箱，襯衫放一箱，突然要穿時才不用翻箱倒櫃。而如果選用半透明塑膠收納箱，蓋上蓋子後，不但能夠層層疊起，還可以大致看出箱中有哪些衣服，容易疊放又方便尋找。

家裡如果沒有空間堆放收納箱，也可以選擇真空壓縮收納袋。將衣服放入壓縮袋後封口，再用吸塵器吸出空氣，立刻變成扁扁一包，很容易收藏在櫥櫃上方或床底下等空間。此外，無論裝箱或者裝袋，最好將深色與淺色服裝分開放置，以免不同顏色接觸久了會沾染。

大衣、外套等較適合吊掛，但記得要選擇合適的衣架，衣服肩部才不易變形。怕變形的帽子可以套疊的方式收納，一頂一頂套起來，再塞入捲起的毛帽或襪子，即可撐起帽子形狀，避免變形。

皮件收起前用油保養！

自己處理羽絨服、皮衣

羽絨服、皮衣價格都不便宜，要盡量維持壽命，收藏前一定要清理。有預算的話，建議送專門的洗衣店處理，但取回後，務必要把外面塑膠套袋取下，讓化學藥劑充分揮發，再放入櫥櫃，否則塑膠袋不透氣，衣服久藏容易發霉。如要節省經費，羽絨服和皮衣若沒有特殊狀況，也可以自己清理。

羽絨服要先處理表面特別髒的地方，浸溼後用洗衣精局部清洗，嚴重的髒汙可用刷子刷洗。然後在盆中放入冷水與適量中性洗衣精攪勻，將羽絨外套放入浸泡五分鐘，用手輕壓揉洗，接著擠壓出髒水，再用清水洗淨泡沫，最後擠出水分後晾乾，也可以用大毛巾包裹吸乾水分。如果太多件，懶得手洗，也可以用洗衣機洗，但記得要放入洗衣袋，並且開啟柔洗功能，以免洗壞。

脫水後的羽絨外套，吊掛在通風處陰乾，一定要全乾才能收起來。差不多乾時，可以每隔一段時間用力拍打，讓裡面的羽絨散開。切記收納時不要用真空壓縮袋，否則會讓羽絨失去彈性。

皮衣千萬不能套塑膠袋或裝箱，這樣會容易發霉。

收藏前先用溼布將表面擦乾淨，在陰涼的地方風乾，塗上皮革保養油，然後吊掛起來。如果是掛在櫥櫃中，記得常常拿出來通風透氣。

衣服要經過妥善的處理，才能「衣舊如新」。冬衣收藏是件大工程，尤其家裡人多更是辛苦，所以，從氣候開始轉暖時，就要著手仔細整理冬衣，陸續收藏。

絲襪小妙用

被勾壞的絲襪別急著丟，可以用來收納捲起的毛衣。有的毛衣材質比較厚，捲好後很難固定，這時候就可以利用絲襪來收納。

①首先將絲襪足部的部分剪掉，腿部直筒部分可以剪成二至三段。

②接著將剪下的部分套在捲好的毛衣外，就可以將毛衣固定成捲筒狀，方便收納。

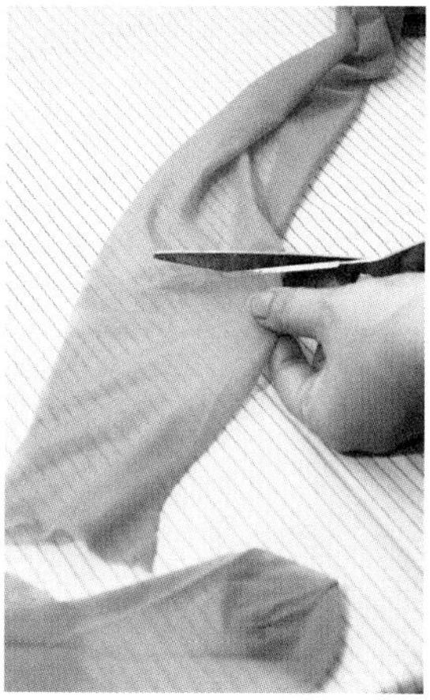

TO DO

練習收藏冬衣迎接春夏

冬衣換夏裝最是麻煩，但只要偷點懶，下個冬天就會令人悔不當初。以下是收藏冬衣最基本的注意事項，如果有其他特殊的重點，請隨時記錄下來，當作參考。

Point 1
清潔晾乾。
要收起來的衣物一定要清洗晾乾，或者經過保養處理。

Point 2
可壓縮處理的就用壓縮袋。
襯衫、T 恤、棉被等可用壓縮袋的就盡量使用，才能節省空間。

Point 3
以顏色、材質分類。
深淺色分開收藏可以避免染色；輕薄質料與厚重的分開收藏，突然變熱可以先拿輕薄的出來穿。

Point 4
皮件要擦淨上油，吊掛在非密閉的櫥櫃中。
皮件很容易發霉，應避免受潮，也避免不透氣。

Point 5
不好處理的就交給專業洗衣店。
必須乾洗的衣物，或者特別髒、難處理的，都交給洗衣店，節省時間，也更有效率。

Point 6
取出的夏季服飾，要吹吹風或洗過再穿。
衣物放在箱櫥中有時會有味道，如果掛在通風的地方還無法消除味道，就必須清洗了。

沒錯，它就是可以烘焙用的小蘇打。

很早開始注意並使用小蘇打，其實是為了我的狗，甚至自己做肥皂也是。狗早已經去天堂，但我們卻因狗得福，一直享受使用無毒清潔劑的環境。後來越來越多媒體介紹無毒清潔劑，更加深我們使用的動力，希望能保護自己也愛護環境。

雖然有些狀況還是要仰賴市售強力清潔劑，但不在廚房使用是最基本的原則。無論是檯面、地板、磁磚牆面等，都有可能直接或間接接觸到食物，產生風險。若家裡有寵物或小孩，他們隨時在地板上活動，家中地板最好都用無毒清潔劑來清理。有時看起來髒髒的地板可能還比用了一般清潔劑還安全。

我最常用的清潔劑是小蘇打，母親生病後，廚房的打掃幾乎都是我在負責，所幸都「不負母命」，有次還難得問我：「怎麼擦得這麼乾淨？」家中廚房地板是純白色磁磚，整理完後白閃閃的。我說很簡單，只是噴上小蘇打水，等幾分鐘後，再用抹布擦去。

使用小蘇打最需要的技巧就是「等」，它的清潔力不如市售清潔劑，但只要多等些時間也能達到效果。此外，不要等油垢積累後再清理，所以使用小蘇打無意中讓我保持隨手清潔的習慣。

小蘇打的學名是碳酸氫鈉（$NaHCO_3$），呈弱鹼性，分為藥用級、食用級及工業用。居家使用可買食用級的更為安心，還可拿來做烘焙，在一般超市或大賣場就可以買到。而且小蘇打不止用於清潔，還有幾項基本功能，例如可以吸溼除臭；微細粉末具有溫和的磨砂功效，可以輕鬆研磨掉髒汙；其弱鹼的特性可以中和酸性汙垢（如油汙），

粉狀裝罐，
水溶液裝噴壺使用。

酸與鹼是無毒清
潔劑的基礎。

進階的無毒清潔劑是自製家事皂，
對皮膚或環境都好。

因此清潔廚房地板的效果才會這麼好。

市面上有許多介紹利用小蘇打清潔的書籍，網路上也可以找到非常多的資訊，但我們只要熟悉幾種基本方式，多用幾次就會熟能生巧，運用自如。

粉狀的運用，直接又簡單

買來的小蘇打多為大袋裝，使用不便，最好裝在罐子裡放支湯匙舀來用；或者找一個用完的胡椒罐，這種罐子上面有孔洞，可以隨時均勻地撒出粉末，但不適合一次裝太多，以免受潮結塊。

有異味的垃圾桶撒上小蘇打可除臭；如果家裡有鋪地毯，睡前均勻撒上小蘇打粉，起床後再用吸塵器清潔，就能將小蘇打粉與髒汙一起吸乾淨。更好用的是，當碗盤、鍋子油漬太多時，先撒上粉末吸收油脂，過一會兒再用紙巾擦去，碗盤就會變得更好洗。想要洗鍋子、爐檯，也不用買刷鍋粉，直接撒上小蘇打粉就有磨砂效果，清洗時用熱水，去油效果更佳。

製成水溶液，隨時噴一下

以約五百西西的清水溶解兩大匙小蘇打粉，裝在噴壺中，放在隨手可拿的地方，擦玻璃、擦桌子前噴一下，再用溼抹布擦乾淨；流理檯上也可以放一瓶，炒完菜後，立刻噴上小蘇打水或者浸泡，都可以達到清潔功效。

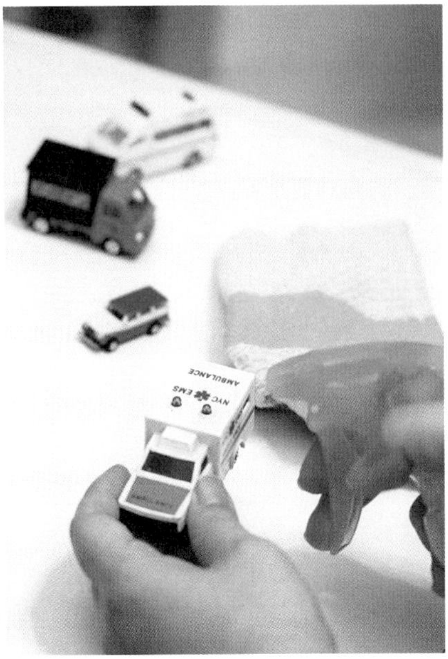

將瓦斯爐、抽油煙機與會沾附油煙的牆壁磁磚都噴一噴，再用抹布擦過。只要每天做，就能常保清潔，大掃除時就不會太辛苦。

使用小蘇打溶液不必擔心殘留，可以放心用於家中的「飲食重地」：廚房與餐廳。而小朋友用手接觸的物品，甚至是常會放入口中的玩具，也可以噴過小蘇打再擦乾淨，保持清潔與衛生，且不怕殘留有毒物質。

小蘇打的水溶液除了以噴霧方式使用外，我更常用於浸泡鍋碗瓢盆與抹布、菜瓜布等，睡前將這些浸泡在小蘇打水中，第二天再洗會輕鬆很多，如果用熱水效果更好。

濃稠膏泥狀，清潔效果強

由於水溶液附著力不佳，只能用於清除輕微的髒汙，如果要對付陳年油垢，就要把小蘇打粉加少許水調製成膏狀，提高黏附性，再用刷子刷在需要清潔的地方。

過年前為了清洗從玻璃門到內側都是黑色油汙的烤箱，就用上了這種方式，在抹上時稍微用力刷一下，可以看見汙垢開始溶解；放置一小時後，小蘇打膏會變乾，接著用刮刀刮除，將大部分的油垢刮去，然後以熱水浸泡抹布擰乾後擦拭，就能讓烤箱變得光亮潔淨。

小蘇打也可以搭配其他無毒物品使用，例如醋也是很好用的天然清潔劑。

在已經噴上小蘇打溶液的地方，噴一些白醋，小蘇打會起泡，可以加強清潔效果。我則是在超市購買檸檬酸，以水稀釋後使用；而一些鹼性汙垢，像是水龍頭上的結晶，噴上醋或檸檬酸，稍待五分鐘，用溼布輕輕擦拭就能去除。

在小蘇打水溶液中滴入天然精油，清潔時還有香氣伴隨，不輸市售的清潔劑。剛開始使用小蘇打當作清潔劑時，通常會不太習慣，因為沒有泡泡、沒有立即感覺，但不要太快放棄，建議採漸進的方式，先用於人體接觸較多的環境與食器，等到掌握要領、覺得好用時，再逐漸擴大使用範圍。

另外，小蘇打並不適用於鋁製用品，因此鋁鍋不能用小蘇打清理，以免變黑。有些木器、天然纖維碰到小蘇打也可能會變色，如果碰到這類製品，不妨先做局部測試後再使用。

練習使用基本的無毒清潔劑

由於大家日益重視清潔劑對於身體與環境的傷害，越來越多人在生活中使用無毒清潔劑，取代市售化工合成的強力洗劑，或許會多花一些時間，但卻能更安心。下面介紹的是最常用的幾種，如果有興趣，可以再進一步自行找資料，調配符合自己需求的天然洗劑。

小蘇打（碳酸氫鈉）

- 弱鹼性，無毒 (食用級)
- 清潔、除臭、去油、研磨
- 可直接使用，也可溶解於清水製作成水溶液 (2 大匙小蘇打粉、500cc 水)
- 加入茶樹、奧勒岡等精油成為有香味又能殺菌的清潔液

混合小蘇打與檸檬酸水，兩者會產生作用起泡，可以去除髒汙。清洗排水管，可以先倒入小蘇打粉，再以溫水溶解檸檬酸倒入，促使管線中的髒汙分解。

檸檬酸

- 弱酸性，無毒
- 殺菌、清潔、去除鹼性髒汙，如水垢、馬桶等
- 溶解於清水製作成水溶液使用 (日常清潔時，檸檬酸與水的比例為 1:15，去除強汙時可增加到 1:5)

可以用白醋替代，但白醋味道較重。

天然肥皂（絲、粉、液）

- 弱鹼性，無毒
- 會起泡，去油汙能力較強
- 用溫熱水溶解效果更好
- 用來洗衣，可避免傷害身體與環境

為什麼要用天然肥皂，不妨查詢關鍵字：環境荷爾蒙、螢光劑、含磷清潔劑。

橘子皮清潔劑

- 以酒精溶出橘皮中的檸檬烯 (Limonene)，可溶解油脂，用來清洗瓦斯爐、廚房牆壁等處
- 作法：橘皮剝小塊放入玻璃罐中，倒入 75% 的酒精蓋過橘皮，密封浸泡 3-5 天，即可裝入噴壺內使用

天然清潔劑最好盡快用完。

“水滴隨手擦，
才能保持乾爽潔淨。”

我家浴室的清潔，從小就是軍事等級的要求，除了不安裝不實際的裝置外，洗澡後浴簾要用清水沖洗，再撐起晾乾；牆壁上水蒸氣一定要用刮刀刮乾淨，還要開小電扇吹乾；平時洗手不能甩水，洗手台附近若有滴水，要立刻擦乾淨。常常累了一天回家，還是會照著規則做，完全被制約。

母親的習慣非常好，主要是為了保持浴室的清潔乾爽，如此自然不會有細菌滋生，否則即使經常消毒也無濟於事，浴室就是會有霉味，矽膠上就是會長黑斑。在家事範疇中，有很多事情都可以事先預防，才不會需要花更多工夫去收尾。

保持乾爽清潔最重要

浴室的清理目標主要在清潔乾爽與安全。

先來談清潔的部分，我家的基本配備是小蘇打、檸檬酸、抹布、海綿。浴室的洗手台與浴缸，無論材質是壓克力、塑膠、玻璃纖維、不鏽鋼等，都不適合用菜瓜布刷洗；陶瓷馬桶也是，要用溫和的海綿或布，以中性洗劑溫和擦洗，否則雖然刷掉汙垢，卻會留下刷痕，當細緻表面被破壞後，更容易藏汙納垢。如果一定要磨砂，可以用小蘇打粉比較溫和。在不鏽鋼的部分，很容易因水中礦物質而產生白色水垢，使水龍頭變得不光亮，此時可以用酸來中和去除，像是檸檬酸或白醋，加水稀釋後噴在水垢上，過十分鐘再來擦洗即可。

浴室若沒有通風
乾燥設備，可使用小電扇。

浴室的消毒可使用稀釋的氯系漂白水。

洗手台附近放一塊抹布，隨時擦乾水滴。

用刮刀刮除壁
面水珠，讓浴
室很快乾爽。

在保持乾爽方面，有人裝潢時就把整體的除溼設備都設計進去，這樣當然是非常完美，但大多數的浴室都十分原始，也不用沮喪，只要注意用完後立刻弄乾。使用工具很簡單，只要有刮刀、吸水抹布、小電扇：牆壁等光滑面用刮刀把水刮去，地面、檯面以抹布擦乾，最後開啟小電扇吹約半小時即可。

管線也是臭味與細菌滋生處，如果阻塞會更麻煩。一般皂垢或汙垢多阻塞在水管彎處，可以使用水管通劑清除，但若是頭髮就比較沒有用，要改用通管線的鐵線把頭髮拉出來，才能通暢。但更好的方式是避免讓頭髮進入水管內，可到賣場購買排水口用的濾網，貼在排水口，頭髮就不會進入水管。

消毒去黴菌

消毒目前使用最有效又便宜的是氯系漂白水，可以消除細菌、真菌、病毒，只要加水稀釋後就能使用，而一般家用漂白水與冷水的比例，擦拭桌椅為1:25，清潔地板則是1:10，使用時有幾點要注意：一、讓浴室保持通風；二、調製時要戴口罩、手套、眼罩等防護設備。此外，倒掉稀釋液時，可再加更多的水，一邊稀釋一邊倒入一般排水口，以免影響環境。

常有人問我浴缸邊緣的矽膠上有黑色斑點要怎麼辦？方法很簡單，只要將擦手紙或廚房紙巾弄成條狀，吸足漂白水，貼上去等待一夜，就能輕鬆去除。

保持浴室清潔乾爽的重點

保持浴室清潔乾爽的工作，如果每天做就會很輕鬆，一旦髒汙累積，就必須花更多時間去清理。以下是整理浴室的重點，包括整潔與安全的部分，如果有其他需要注意的也一起加入清單，只要常常做就能養成習慣。

☐ Check 1

洗完澡後，要用清水沖洗牆壁、浴簾、玻璃隔間等周遭設施。

沖去肥皂泡泡殘留，以免累積成髒汙。

☐ Check 2

以刮刀將牆壁、玻璃隔間上的水珠刮去。

使用刮刀可快速簡便清除水漬。

☐ Check 3

如有窗戶，用完浴室要打開通風。如果沒有窗戶則使用抽風機。

讓浴室內的溫濕度下降，可降低細菌黴菌滋生的機率。

☐ Check 4

牆壁與天花板的水氣，用小電扇吹乾。

小電扇是最經濟好用的工具，可以將小電扇裝置在牆上。

☐ Check 5

檯面上的水要隨時用抹布擦乾淨，保持乾爽。

檯面上的水會下流到地上，成為溼氣來源，有發現就要擦乾。

☐ Check 6

地上的水要隨時用抹布擦掉，以免滑倒。

除了可保持乾燥，更能預防危險。

☐ Check 7

浴室的肥皂、沐浴乳、洗髮精等物品要放置妥當。

可以避免掉落造成危險。

☐ Check 8

避免在浴室使用玻璃、陶瓷漱口杯或瓶子等物品。

玻璃陶瓷製品在浴室摔碎是很危險的狀況。

"少開冰箱，
可以節電也可以節食減肥喔。"

面對全球氣候暖化，環保議題越來越受到重視，而我覺得從自己做起最實在，因此希望自己能在日常生活中盡量的節約能源，並且影響周遭的人。同時節省能源後，也可以節省開支，在經濟不景氣的時代，是重要的節流之道。

與其他的生活習慣一樣，節約能源也要找出循序漸進的方式，慢慢降低對於能源的需求，這樣既能做到節省，也不會對生活造成太大的不便，才能持之以恆。所以，節能第一步是蒐集各種相關資料，然後找出適合自己的方式。

一般家庭中用電量較大的電器，不外乎冷氣、冰箱、電熱水瓶、照明等，只要針對這幾項做改善，通常就能省下不少電。而未來要更換電器時，一定要選擇有節能標章的產品。

冰箱的省電法

先來看看冰箱，冰箱最耗電的原因在於開門次數與時間。因此，冰箱收納要做好分類，並有固定位置。拿取冰箱內的物品前，先想一下要拿哪些東西、位置在何處，就能很快地取出，縮短冷氣溢出的時間。像我買了磁鐵白板貼在冰箱上，然後把每一層的物品與數量寫上，這樣打開後就可以立刻找到。

如果開冰箱的頻率很高，可以自製塑膠門簾貼在冰箱內，這樣開門後，冷氣不會全部溢出，也是不錯的節電小技巧。還有別忘了冰箱散熱面要距離牆壁十公分以上，讓冰箱有效散熱，運轉才不會受影響。此外，冰箱中的物品不要放超過八分滿，內部的冷氣循環才能保持良好運作。

冷氣的省電法

要使冷氣省電最簡單也最常被人忽視的就是清洗濾網，夏季使用頻繁時，約兩週就要拆下清洗一次，冷房速度才會快，也不會虛耗電力。

另外，室內環境也很重要，若能先降低室內溫度，冷氣就可以更快發揮效力。例如早上出門後家裡沒有人，不妨將窗簾拉上，隔絕日曬，保持室內的陰涼；晚上回家後，覺得室內比戶外悶熱，就先打開窗戶通風降溫，或者用電風扇吹散熱氣後，再開冷氣降溫；而且開冷氣也要搭配電風扇，讓冷空氣流通，使冷氣效能更好。

開冷氣的空間中若有熱源，如熱水壺、電鍋等，都會讓冷氣機負荷更大、耗費電力，最好將熱源移到其他空間。

當然，冷氣溫度設定盡量不低於26℃，感覺舒適而不冷，也是節電重點。同時要善用冷氣機的定時功能。

由於冷氣關掉後還能維持一段時間的涼爽，因此，睡眠時不妨利用定時功能，讓冷氣機自動提前關閉。我睡覺時不大喜歡吹冷氣，所以通常會先開一兩個小時，讓房間涼爽，然後晚上就只要吹電風扇即可。

用電燒開水的省電法

之前我聽說開飲機很耗電，就立刻決定換掉，改用快煮壺，每當需要熱水才燒，果然電費下降不少，有朋友跟著我這樣做，也確實如此。真沒想到隨時提供熱水的電熱水瓶或開飲機，使用起來非常方便，但卻非常耗電，而且每隔一段時間就加熱，也會提高室內溫度，夏季開冷氣時又成為費電因素。因此，如果要繼續使用開飲機，不妨等要熱開水時才插電加熱，水沸煮開後即倒入保溫瓶。

如果覺得不方便，也可以考慮用定時器，設定好要熱水的時間才加熱煮沸，其他時間則斷電，會發現可節省許多電力。此外，有開關的插座也是節能好幫手，可以讓我們方便隨時關閉電源，而不用去拔插頭。

照明燈泡的省電法

一般照明用的電燈，雖然單一燈泡用電量不大，但數量多、開啟時間久，用電量也會積少成多。夏天可以換掉容易感覺熱的黃色燈泡，盡量不使用會發熱的白熾燈、鹵素燈。在燈泡選擇上，以省電燈泡最實惠，若是有更多預算，可以換成LED燈泡。但由於LED燈泡的單價高，並不需要立刻全部都換，只要先更換家中開啟時間最長的燈，把錢花在刀口上。

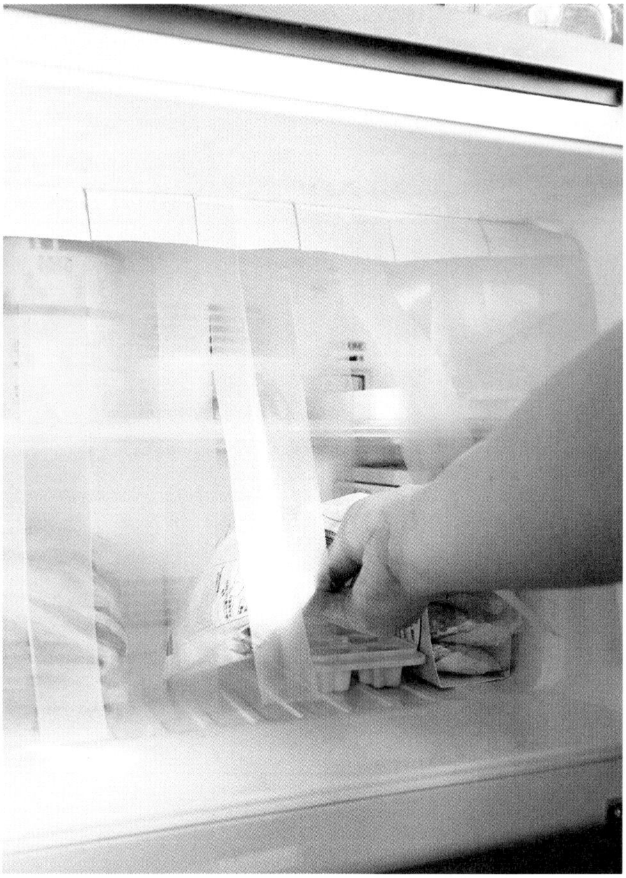

小門簾
可以立大功！

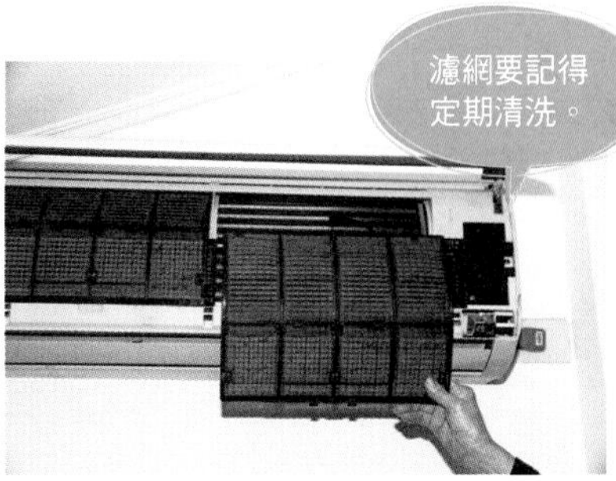

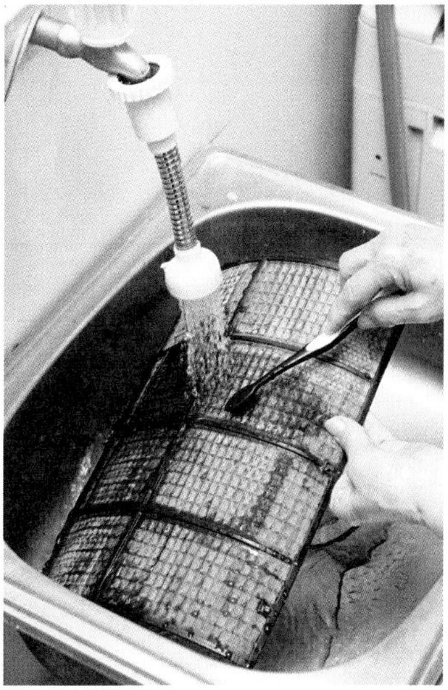

用保溫瓶、換 LED 燈等很多技
巧都可以節省用電。

如果一盞燈上有很多燈泡，最好能裝設電子控制的分段開關，這樣才不用一次開全部的燈。如果沒有裝，可以取下一些燈泡，如五個燈泡只需要開三個就夠亮，先取下兩個，這些都是實用的燈泡省電技巧。

省瓦斯的技巧

一般家庭瓦斯多用在廚房瓦斯爐與熱水器。以瓦斯爐燉煮時，可以利用快鍋或燜燒鍋節省用火時間，例如用快鍋煮紅豆湯只要二十分鐘，不但省火力，還非常適合忙碌的現代人。

此外，很多節約技巧都是隨時發現，立刻學習。譬如曾看到新聞報導桶裝瓦斯應該加裝**R280**的瓦斯調節器，才能使燃燒完全，更節省瓦斯。於是我立刻買了一個取代原本的瓦斯頭，果然比較節省瓦斯，而且有安全裝置，熄火時會自動截斷。如果家中有使用桶裝瓦斯，可以上網搜尋，就能找到許多相關的資訊。

雖然節約能源看起來省的是小錢，但長期累積下來也是一筆不小的開支，可以用於家庭其他的花費。而養成節約習慣後，會影響自己的思考方式，做每一件事情都會更謹慎，也會積極的去尋找更多方法來達成預算，或許是一種意外的收穫。

TO DO

節約能源的練習，從省電開始

檢查看看到底哪一點是家裡的用電怪獸，哪個做法可以更省電，有了結論後，請大家告訴大家，一起來省電。

☐ Check 1

熱開水隨用隨燒，利用保溫壺，不用開飲機。

☐ Check 2

開關冰箱的時間要短，內部不放超過八分滿。

☐ Check 3

冷氣設定最低 26℃。

☐ Check 4

西晒面的窗戶裝上隔熱窗簾。

☐ Check 5

每兩週清洗一次冷氣濾網。

☐ Check 6

換裝省電燈泡或 LED 燈。

☐ Check 7

利用有開關的延長線、定時器等工具，適時關去不用的電力。

☐ Check 8

將電費收據留下或記錄，比較不同年度同期電費，找出差異的原因。觀察使用行為改變後，用電量是否有下降。

☐ Check 9

購買電器產品時要選擇有節能標章的產品。

☐ Check 10

其他 ____________________

找找看，家裡是否還有其他用電怪獸。

「連垃圾都能處理好，
應該沒有事情處理不好。」

在國外旅行時，發現垃圾處理與一個國家的文明有關，在街道乾淨、垃圾不落地的國家旅行，讓人感到舒適安全；而能妥善垃圾分類的地方，覺得更進步；可以減少垃圾，並且讓垃圾再生的地區，則令人佩服其高度的環保意識與文明。

但實際回歸到自己的生活中，才發現垃圾不落地實在是件很辛苦的事情，甚至曾經給我帶來很大的壓力。首先，垃圾車晚上七點來，六點才下班的我，每週有一、兩天要飛奔回家倒垃圾，還好後來經大家抗議改到九點。再來是搬到山邊後，隔壁社區的音樂聲常因回聲讓我聽錯，不是早跑出去，就是趕不及，後來索性設好鬧鐘，鬧鐘一響就出去巷口等。此時就很羨慕住大廈的朋友，可以把垃圾丟到地下室。

後來知道垃圾處理費隨袋徵收時，也是很不習慣，但很支持這種以使用者付費的方式，來達到垃圾減量的目的。根據統計整體垃圾量減少很多，大家也因為掏腰包買垃圾袋很「有感」，而更加用心去做垃圾分類。將感覺化為力量，讓垃圾袋越用越小、越用越少，不但節省金錢，還很環保。而且把垃圾處理好，不僅可以保持家中整潔、避免產生異味，還能減少蟑螂、螞蟻的出現。

小紙盒、傳單回收，積少成多

垃圾減量最簡單的方法就是做好垃圾分類，可以回收的物品不當垃圾處理，就能減少垃圾袋的使用。

鐵罐、寶特瓶、報章雜誌，大家很直覺地就會分類放置，但一些傳單、小盒子、紙袋、信封等，就常會被忽略，或因偷懶直接丟進垃圾桶或垃圾袋中。紙類通常比較占空間，如果能從垃圾中分門別類，可以減少專用垃圾袋使用量。

由於紙類不會腐壞，不妨找個大盒子放在家中角落，然後把報紙、雜誌、傳單、拆成平面的小紙盒等紙類集中放置，整齊又方便回收，而且會發現薄薄的紙類積少成多，竟也占用不少空間，還是當回收比較划算。飲料瓶罐若要回收處理，記得要先沖洗乾淨再堆放，以免引來螞蟻。分類前可以先壓扁，以節省存放空間。

確實做好回收，減少垃圾量。

廚餘處理好，不用擔心異味

此外，廚餘也是需要特別處理的一種垃圾，可以分為做堆肥的生廚餘與養豬的熟廚餘。由於垃圾主要是以焚化處理，廚餘水分較多，如果丟入垃圾中，會降低焚燒的效率，縮短焚化爐的壽命。

有些人覺得廚餘會產生異味，不好處理，或者覺得麻煩，就直接丟入垃圾袋打包，時間一久就在垃圾袋中發酵，有時還會流出水分。炎炎夏日，如果沒有當天倒掉，氣味常讓人難以忍受。身為上班族，真的很難每天趕回家倒垃圾，假如當天無法倒掉廚餘，我就會用洗淨的塑膠袋裝好密封，放入冰箱或冰庫中避免腐壞，才不會散發異味引來蟲類。而果皮、菜葉等，可以先放在網狀容器中，瀝去水分，再用容器或塑膠袋裝起來，減少重量與水分漏出的困擾。如果家中有種植花木，也可以自己嘗試或者聯合社區鄰居一起做堆肥，尤其是柔軟的果皮類，在夏天一兩個月就能分解為肥沃的有機土。

廢油不可亂倒

油炸食物人人愛吃，但廢油處理就傷腦筋了，千萬別直接倒入水槽，廢油沾黏在水管上容易產生異味，引來蟑螂，甚至會阻塞水管。若未經過汙水處理，就這樣直接進入河川，是極為嚴重的汙染源，因此廢油處理不容忽視。

廢油量多的話，不妨準備一個有蓋的容器，等油冷卻倒入容器中，蓋好後交給資源回收車處理。如果量不多，找個牛奶紙盒，塞滿報紙或用過的餐巾紙，然後倒入廢油，油會被報紙吸收，不再是液狀，就可當成垃圾丟棄。

此外，盛菜的盤底多半也會留下油脂，不少人是洗碗時直接沖洗掉，但考慮到保護環境，最好以使用過的餐巾紙擦拭，或者用刮刀刮除盤底油脂，再當成垃圾丟棄。只要一個小小動作，對家中水管及河川維護都有相當助益。如果有碎玻璃之類的垃圾，丟棄

垃圾分類
很重要！

廚餘要瀝乾水分。

廢油倒紙盒中處理。

前先用報紙包裹或用盒子裝起來，可以避免誤傷到人。

連要丟掉的垃圾都願意處理好的人，做任何事情都會負責到底，就算不為了環保，請也為了節省垃圾袋或者減少蟑螂老鼠而努力吧！

簡單的堆肥製作法

只要準備一個花盆、一包土壤，就可以在陽台做堆肥。選用果皮和菜葉等生廚餘，比較不會產生異味，分解速度也比較快，剛好可以用來做陽台菜園的肥料，邁向環保有機的生活。

Step1. 花盆中先鋪上一層土，再倒入切碎的果皮或菜葉，同樣鋪滿一層。

Step2. 接著鋪上一層土，蓋住果皮。重複一層果皮一層土，至果皮用盡或是容器鋪滿為止。

定時澆水使土壤保持溼潤，約一個月後，就可以攪拌察看堆肥狀況，確認果皮已經分解消失，就能拿來種植植物了。天氣越熱，堆肥製作速度會越快喔！

TO DO

練習垃圾減量的生活

垃圾減量的思考其實要從源頭做起，請在生活中盡量做到這些，再想想看還有沒有其他的重點，環境保護不是口號，是要靠自己身體力行，一點一點地做。

Point 1 ｜減少帶回的垃圾。

自備購物袋、保鮮盒，使用環保餐具等，可以減少包裝、一次性餐具等垃圾，從源頭做垃圾減量。

Point 2 ｜買好質料與耐用物品。

速成的東西雖然便宜又時髦，但淘汰得也快，會製造許多垃圾，也浪費資源，因此寧願多花點錢，買東西前好好考慮清楚，不要製造未來的垃圾。

Point 3 ｜不用的東西轉送分享。

用不到的東西，若還很新，不妨送給需要的人，或者上網拍賣掉，讓資源有機會再利用。

Point 4 ｜做好垃圾分類。

將廚餘、資源回收確實分類，可以減少一般垃圾量。

環保署的垃圾分類，將垃圾分為三種：

- 資源垃圾

包含廢紙、廢鐵鋁容器、廢玻璃容器、廢塑膠類、廢乾電池、廢燈管（泡）、廢資訊物品、廢電子電器產品等相關物品。丟棄至資源回收車或資源回收桶。

- 廚餘

就是生、熟食物、殘渣及有機性廢棄物。以桶或鍋子裝著，倒入資源回收車附掛的廚餘回收桶。

- 一般垃圾

剩下都是不可回收的一般垃圾，需要用垃圾袋打包完整不外露，放到指定地點或等垃圾車來時再丟棄。

**“有臭味必有原因，
找看看是臭襪子還是忘了丟的垃圾。”**

外派在上海工作時，週五往往都會很晚下班，總是要把累積一週的瑣事處理完，將下週該進行的進度與做法思考清楚，才能安心回家度週末。回家時繞去賣場補給，會遇到賣花的小販，不知是時間已經晚了，還是因為在路邊販售，花的價格十分便宜，我會順便買一大把，這樣週末家中就有花相伴。尤其玫瑰花，大朵且香氣濃郁，插入瓶中，家裡立刻散發著玫瑰香。

味道，是生活氛圍中非常奇特的一點，無形無色，卻能讓人有在天堂與地獄之別。誰教人必須靠鼻子呼吸，碰到難聞的氣味，只能暫時閉氣，不像眼睛可以閉上，耳朵可以捂住，當家中有了異味，我是一定要徹底消滅才會罷休，很少會讓自己久而不聞其臭。常常處於不好的氣味中，不但影響心情，更影響生活品質，甚至如果異味來自黴菌或腐爛的東西，還會損害身體健康。尤其台灣多半時候都很潮溼，當天氣好時，一定要來個「換氣」大作戰，讓家中除了整齊清潔外，還充滿舒適的味道。

找出並消滅臭源

香味使人好心情，若有臭味怎麼辦？有人說噴點芳香劑就好，但這只能暫時掩蓋，無法治本。臭必有因，第一步是找出來源，徹底消除。如果垃圾桶發出臭味，要將桶內外清洗乾淨；廁所有臭味，我會先看是不是毛巾潮溼未乾，再檢查通風系統是否正常、水管是否阻塞、化糞池是否該處理了等問題。一步一步找出根源，才能對症下藥。

通常我們只要保持家中清潔、乾燥，就可以避免臭味產生。如果覺得家中有臭味又找不出原因，可以利用小蘇打粉加水稀釋後，將物品與環境從頭到尾擦拭乾淨，等待自然風乾或用電風扇吹乾，氣味就會有所改善。此外，天氣乾燥時不妨將窗戶、櫥櫃門打開，讓空氣流通，避免黴菌滋生。無論是冰箱、浴室都可以這樣處理。清潔工作必須定期進行，至少每季做一次。

預防臭味產生

基本清潔工作完成後，臭味暫時消失，此時要想到如何預防。有些家中常見物品就能避免異味的產生與累積。例如檸檬皮，擠出汁後果皮不要丟棄，放在冰箱不但能除臭，還能讓冰箱有股清香的檸檬味。咖啡渣也是可廢物利用的除臭利器，很多咖啡店或便利商店會提供免費的咖啡渣，拿一包回家放在通風處陰乾，用盤子裝著或布包起來，擺在容易產生異味的冰箱、櫥櫃等處，但要記得定期更換。

還有小蘇打粉也是清潔除臭的法寶，撒一些在垃圾桶底部可以除臭；覺得垃圾桶髒了，倒點水在桶子裡，將小蘇打粉溶解，就成為清潔劑，直接用來刷洗桶子。鞋子若有臭味，也可以撒上一層小蘇打粉，隔天就能使鞋內乾爽，消除異味。

如果是環境潮溼造成不好聞的味道，除了使用除溼機或除溼用品外，還可以利用木炭調節溼氣。很多日式建築會在地板下的空間埋木炭，就是這個原因。但在一般公寓建築中，要使用在客廳或房間這類大空間，木炭需求量很大又占空間，似乎不大可行，用於密閉的小櫥櫃就相對有效率。使用方法很簡單，買回木炭後，先分切成適當大小，用刷子以清水刷洗，將木炭上的黑灰清除掉，風乾後可以直接放置，或者用透氣的袋子裝著，放在鞋櫃或衣櫃內調節溼氣。每隔一陣子，趁天氣晴朗時，將木炭取出晾晒，讓溼氣快速蒸發，再放入櫥櫃中重複使用。

製造香氛味

想讓空間芳香四溢，除了天然的花香外，還可以靠薰香、香氛之類的產品。但要選擇天然精油，而不是化學合成的芳香劑，如薰衣草、柑橘、迷迭香等精油味道，聞起來都很舒服；市面上擴散香氣的工具非常多，例如燃燒加熱的陶器、噴霧器等，很容易買到需要的產品。透過清潔、除臭、添香的步驟，以後推開家門或者打開櫥櫃時，將不再皺起眉頭，而是芳香撲鼻。

DIY 擴香

我們也可以自己製作擴香用品，只要找到能吸附精油的物品，滴上精油即可。譬如園藝用的蘭花石，其中孔隙就可以吸收精油；小蘇打粉也是不錯的媒介，找個漂亮的盤子或瓶子裝著，滴上幾滴精油，然後放在角落，不但好看，還會慢慢散發香氣。

除去臭味，製造香氛，讓環境更舒適。

用過的檸檬放冰箱可除臭。

TO DO

練習讓家中充滿芬芳的方法，你最喜歡哪一個？

大掃除清潔完後，臭味根源已消除，最後若是能滿室馨香，讓空氣中散發淡淡香氣，該多好！一起來蒐集與應用使居家空間充滿芬芳的方法。

Point 1 ｜ 精油

可以用薰香台、擴香竹、超音波噴霧器等設備，使天然精油的香味充滿環境中。

精油不止有香味，不同精油還有不同的效果，例如薰衣草令人放鬆、茶樹可清淨、薄荷提神等，不妨查一查各種精油的功效。

Point 2 ｜ 鮮花

如玫瑰、睡蓮、水仙、香水百合、茉莉、玉蘭等，一年四季都可以找到香花插在家中。

Point 3 ｜ 水果

如蘋果、鳳梨等水果，放在室內也會散發淡淡果香，自然而溫暖的味道。

Point 4 ｜ 香皂

還沒用的香皂，可以放在櫥櫃中，或者做成香皂花籃，放在角落，當作芳香劑，一物兩用。

Point 5 ｜ 薰香

如檀香、沉香等傳統香味的香，或者以抹茶、清竹製作的香，點燃後，空間中不但有香味，還有種特殊氛圍。

不要在密閉空間點香。

Point 6 ｜ 烘焙

烤盤奶油餅乾，整個家中都會有奶香味，或者做個巧克力點心，則會聞到巧克力的香醇。

Point 7 ｜ 沖泡咖啡

手沖一壺咖啡，也是會讓迷人的香味充滿家中。

part

4

布置

只要用心布置，就有家的感覺。

“讓家成為家人的依戀。”

雖然愛旅行，但卻沒有因為想住民宿而去住過，因為，家才是最安心舒適的地方，典型金窩、銀窩不如自己狗窩的思考，休息時只想窩在家中，而不是塞車奔波至陌生的豪華民宿。

即使旅行時只在旅館待上幾天，我也會將旅館當成家，整理布置一下，在外面奔波一天，回到旅館中可以有如家的氛圍，徹底放鬆休息，隔天再精神滿滿地出發。或許，把一個地方當成家去用心布置，就會有家的感覺，否則即使是擁有豪宅，一樣不想待在其中。

家是安全的港灣

有人以重金裝潢住家，但很少待在家中，設備俱全的廚房很少開伙，在我看來十分可惜，汲汲於工作不就是要給自己與家人一個好的生活環境，是不是忘了初衷？客廳中有多久沒有傳來家人談心的笑語？廚房有多久沒有飄出媽媽的味道？孩子放學後怎麼還不回家？

曾經接過一個訪問購屋者的案子，請他們談家的意義。購屋者大多表示是可以放鬆的地方，是安全的港灣。有位媽媽跟我說，她覺得家，就是讓大家出去後會很想回來的地方，所以她會把家布置得很溫暖，讓家人無論發生什麼事會先回家再說。佩服這位媽媽的睿智，讓家成為家人的依戀，分享生活，彼此支援，如果能讓每個家庭都充滿幸

福，社會問題似乎就能減少許多。

布置是關鍵字

我的狗窩關鍵字是「布置」，依照自己與家人的需求和喜好，讓家感覺溫馨舒適，能放鬆而有安全感，窩進去就不想出門。布置不需要花大錢，只是整理與美化的工夫，稍微用點心，一塊布、一支蠟燭、一盆花、一個抱枕，就能簡單營造出家的味道。

有時候發揮一些DIY的手藝，也能廢物利用創造出裝飾品。例如之前本來想

把一些自己拍的照片放大裝框，掛在牆上，但因為沒有時間整理照片，看到雜誌上滿版圖片很不錯，也找出了舊日曆，就撕下來用IKEA最便宜的畫框裱起來，成為簡單的牆上裝飾，沒想到因此省了一筆洗照片的費用，效果也很棒。

俗話說：「不用錢的最貴。」在布置這件事上也說得通。

不是花錢，而是要花時間想想，無論是硬體（空間）或軟體（心情），怎樣的氛圍才能讓家成為自己與家人疲累時最想回到的地方。

“點綴家的妝容。”

推開家門，是怎樣的期待？是家人的笑臉、寵物的飛奔而來，還是會自動感應開啟的一盞燈……，如果擁有的只有房間，甚至只有一張床，床頭洩出的些許燈光、擺放的幾個枕頭，也是能帶來溫暖。家絕對不只是睡覺的地方。

家，也需要經營

如果說基本的家事做好，是描繪家的模樣，那麼布置家居，便是為家點綴新妝。也可以說家就像是一項產品，基本規格都類似，但要能夠受到市場目標的喜愛，則要有投其所好的特色。

經營一個家，千萬別苦幹實幹，一定要有一些小心機。將心理學上

「認知不和諧」的理論放在生活中印證，其實是一件很有趣的事情：人們本來態度與行為是往東向的，當改變行為往西之後，內在會產生矛盾，此時就會改變態度，以消除矛盾。所以，生活上我們如果改變了行為，例如前面所提花時間做家事、用心去布置，或者讓家人待在家的時間久一些，幫忙從事某些家事……，漸漸的就會改變對家的態度，家在心目中就會越來越重要。若不用付出心力，就可能漸漸冷漠。或許有興趣的人可以觀察這種說法是否真的存在你我之間。

設計場景吸引自己或家人回到家，感受舒適的氛圍，參與家庭的活動，建立依賴與習慣。一個人住也該如此，即使只擁有一個房間，也可以透過布置充滿個人色彩。

我年輕時常看一本日本雜誌《私の個室》，就很佩服日本人即使是很小的空間，也能五臟俱全，整理得充滿自己的個性，招待閨蜜來談心也不會有「違和感」，反而有分享私密空間的感受。

尋找最適合自己的家模樣

很幸運地，我的朋友中有很多優秀的「楷模」讓我關注著，彌補我不足的經驗，啟發我對家庭的看法。

我看到有些父母在家中布置遊戲環境，讓孩子在家盡情玩樂；孩子長大後還會帶朋友回家玩，當孩子都在自己看得到的地方，是多麼安心呀！有的主婦花心思盡量讓家

還是狗窩好～

人在家裡的時間延長，增加彼此間的互動與溝通，替代總是說「我不了解他」，這種以積極取代抱怨的態度是多麼健康而值得學習啊！不只是家庭，連人生都應該如此，才不會有遺憾。

家要妝點成什麼模樣？每個人答案不同。你有答案了嗎？建議思考自己、家人、環境與現實狀況等因素，歸納出答案。

這個答案不需要最好，但是要最適合。

在思考之際，或許可以先來改變一下行為，在這個部分的練習都是實作，嘗試自己或邀家人一起做做看……，或許，會增加待在家裡的時間；或許，在外面想到家都會彎起幸福的嘴角。

"適合的光，
對空間與人生都很重要。"

生活中最方便運用的布置方式就是光線的規畫，室內很難不使用燈光，就把必需品變成裝飾品；此外準備幾塊不同色彩的布料，換塊布就能換個氣氛，非常好用。

燈光的演出

在歐洲旅行時發現一件事情，小旅館的餐桌上總會放著點燃的蠟燭，光影流動，讓獨自出行的旅人不再孤單；讓同行的兩人，有了更多聯繫。原來燭光點燃後，不僅用於照明，也不止於製造浪漫，在溫度與閃動下，更像是一種魔法，劃破寂靜。

光線就像是室內空間的魔法師，無聲無息就改變了整個環境的氛圍。最好的光線是自然採光，隨時間改變不同的樣貌；再來是火光，無論是木柴、油燈或蠟燭，火心的跳躍，似乎在說話，像是《霍爾的移動城堡》中的卡西法。而現代都會夜晚中，最常見的選擇是燈光。

以照明而言，電燈是最佳的工具，平穩而護眼，可精準調節亮度，十分方便。同時還可將電燈依功能分類，製造出層次，例如大空間採用吸頂燈，因為使用時間較長，以省電或LED燈讓空間明亮，看書報再搭配檯燈，或者在角落放上落地燈，投射到牆壁或天花板。想要有溫暖的感覺可選用黃光燈泡，輕鬆就能製造出不同情調。

如果想要再進階營造氣氛，可以點亮蠟燭。我喜歡用各種杯狀的燭台，把蠟燭放在裡面，透過玻璃展現不同的光，這樣蠟燭就都買一樣的，在IKEA買一大包可以用很

紅色與綠色
的感覺完全不同。

布料與蠟燭都是最佳配角。

久，而且使用也比較安全。蠟燭的種類非常多，有香氛蠟燭、浮水蠟燭、造型蠟燭等，可依照自己需求選購。自然採光是可遇不可求的，尤其在大廈林立的都會市區，要在租買房子時就留意。我是很要求住處一定要有自然採光，更喜歡早上被日光叫醒的感覺，但隨著四季變化，有時光線也會很熱烈而刺眼，此時布料的利用就可以上場了。

輕薄一片超好用

季節變換時，窗簾、桌布、抱枕等家飾布都可以隨著變化。夏天用淡雅色彩，有清涼感；冬季換上厚重暖色系；過年時紅金登場就顯得年味十足。幾塊布料，就能讓房子隨著季節更換布置而變得冬暖夏涼。

除了簡單的桌巾、布套更換外，也可以自製窗簾。由於屋內想要引進部分日照，又不想光線過於刺眼，本來打算去永樂市場找適合的窗簾布，卻無意中發現有已經打好孔洞的蕾絲布料，只要挑選自己需要的長度與花樣，回家後穿入窗簾桿即可使用，甚至利用伸縮窗簾桿就可以卡在窗戶上，簡單又實用！掛起來不厚重，浪漫又美觀，剛好達到我要的效果。

除了上永樂市場買布料外，出國時看見有當地方風格的桌巾、圍巾，也都會購買一些放著，松鼠個性在此又表露無遺，但蒐集這些東西真的很好用呀！而且圍巾、披肩有時也可以當作裝飾布，客串桌巾或隨意披在椅子上都好。

TO DO

自製瓶裝蠟燭

使用現成材料再加工製作蠟燭並不難，將白蠟或不用的蠟燭融化，製成各種模樣的蠟燭，過程很簡單，學會基本方法後，就可以自己做出各種變化。

基本材料

準備蠟、玻璃容器一個、牛奶盒一個、棉線、竹籤、鑷子、剪刀和刀子等工具。牛奶盒可換成鐵罐，竹籤也可以用免洗筷替代。

Step 1

把蠟切成小塊，放入上端修剪平整的牛奶盒中，然後放進裝了水的鍋子中，加熱外鍋，等待蠟塊融化。再用鑷子夾著棉線，先放到融化的蠟中浸一下，取出拉直備用，浸過蠟的棉線會變硬挺。

Step 2

接著把融化的蠟倒入瓶中。牛奶盒的直角倒蠟時很方便，可以準確地倒入，上端也不會燙手。

Step 3

把竹籤跟棉線交叉放置，在約容器瓶口高度處點上一滴蠟黏起來，然後放入瓶中，調整好位置，讓棉線垂直在瓶子中間。

成品

等蠟完全凝固，拆掉竹籤即可。使用時將棉線剪短至約 1 公分。

- 白蠟塊在化工行可以買到，也可用白蠟燭替代。
- 倒入玻璃罐前，可在溶解的蠟中滴入精油，做成香氛蠟燭。
- 除了玻璃瓶，還可以用小茶杯、鐵器等各種耐熱容器裝盛。

“眼睛，
是可以欺騙的。”

換季時，不只是衣服要換季，居家環境也需要換季，季節布置不但讓環境美化，還能影響我們的感覺，使夏天清涼、冬季溫暖。過年過節也可以利用擺設做些應景的節日布置。例如在冬天將燈泡從白光換成黃光，再換上皮毛或毛呢的墊子，就會有溫暖感；而夏天更是需要從視覺帶來清涼，所以，拿出玻璃瓶裝入水，隨意插上幾朵鮮花，就立刻有感。

清涼的玻璃透明

玻璃的透明與水讓人聯想到冰塊或水岸，當然花的選擇也很重要，通常以淡雅的白色、粉彩色系最適合，如小巧的深山櫻、滿天星或者有香氣的百合、野薑花等，簡單插上幾枝即可。瓶中也可以養條魚，順便欣賞魚兒在水中優游。

此外，不妨採買玻璃製的杯碗盤，盛裝水果或冰品；喝果汁時也用玻璃

杯裝，在還沒有品嘗之前，用「看」的就能暑氣全消。

綠色盆栽能為視覺帶來置身大自然的感受，而且可以簡單營造出寧靜的氛圍，家中擺上幾盆綠色盆栽，會有心靜自然涼的效果；將盆栽放在窗邊，也可以緩和強烈的刺眼日照。

由於是要放置在室內，選購盆栽時建議盡量以觀葉植物為主，這類植物對日照的需求較低，例如黃金葛、常春藤、蕨類、火鶴、萬年青等。花市中有許多三盆一百元的小盆栽，便宜又好照顧，只要記得土乾時澆水，就能讓人從心中感覺沁涼舒適。其他類似的物品與方法還有很多，或許當夏天熱到受不了時，大家不妨試試。

節日布置

除了季節更迭會更換裝飾的植物外，年節也是我會去購買植物來做布置的時機。春節時會買幾盆討喜的開花植物，聖誕節時當然要添購一些聖誕紅。

雖然是非教徒，但也喜歡在聖誕節體會那種平安喜樂的感覺，而年底天氣轉涼了，總覺得用聖誕做為主題把家裡換個風貌，也是不錯的事情。記得小時候，每年都買些應景的東西，但一年用過就損壞丟棄了，這些年才開始蒐集質感比較好的飾品，有些是在國外咬牙買下的，像是木雕的雪人、聖誕樹等，

每年聖誕節都會以聖誕紅組成盆
栽放在門口。

春節則選用中國風的菊花或名字很中國的長壽花。

但想到可以用很久也就覺得值得，而且每年打開箱子，發現收藏的東西越來越多，竟會有種自己很富有的感受。所以，在這裡想推廣這個想法：每年添一兩個質感好的飾品，持續使用，環保又有意義，搞不好每個東西都還有段故事可以回憶呢。

而除了聖誕節之外，農曆春節、端午節、中秋節也都可以當作居家「換裝」的藉口裝飾一番，認識節慶的習俗，享受歡樂。像這種畫龍點睛的微布置，不需要花太多時間、不需要大興土木，只要稍微用些心思、巧妙地改變居住空間的視覺焦點，就能有事半功倍的效果。

TO DO

換季與節慶布置的元素

如果最近要換季或者臨近哪些年節，不妨試著改變一下家的氛圍，妝點一些應景的飾品，增添生活情趣。以下整理了一些點子，或許可以刺激更多想法喔！

Idea 1

冬季｜使用看了會暖和的…

1. 光：黃色燈泡、蠟燭
2. 材質：毛呢、皮毛
3. 顏色：紅、咖啡、橘、紫、金等色系

Idea 2

夏季｜看了能平心靜氣且涼爽的…

1. 光：白色燈泡
2. 材質：玻璃、紗、絲、水、冰
3. 顏色：各種粉彩色系與透明

Idea 3

春節｜有年味、吉祥的…

1. 物件：鞭炮、春聯、燈籠、門神、紅包袋、元寶、蘿蔔、鳳梨、橘子、蘋果等
2. 顏色：紅、金、黃、紫
3. 花卉：菊花、長壽花、蘭花、百合、水仙等

Idea 4

聖誕節｜充滿歡樂、冬季的…

1. 物件：聖誕樹、聖誕老人、雪人、麋鹿、天使、星星、松果、聖誕音樂等
2. 顏色：紅、金、銀、綠
3. 植物：聖誕紅、柏樹、松樹等

Idea 5

端午節｜傳統的、有趣的…

1. 物件：避邪艾草菖蒲、香包、豎立用的雞蛋等
2. 食物：粽子、桃子、李子、豆子、茄子等五子
3. 活動：看龍舟賽、立蛋、飲午時水、用菖蒲泡澡

Idea 6

七夕｜女孩的、兒童的…

1. 物件：四方金、巧果
2. 活動：拜織女、拜床母、做 16 歲成年禮、乞巧比賽

「仰賴工具與資訊，女生也可以輕鬆DIY。」

第一次聽到DIY（Do it Yourself）時，應該是我剛踏入社會那年，當時台灣才開始引進這個概念。從小我們家很多東西都是自己做，其實是父親在做，我在旁邊好敬佩的看著，從油漆、修水電到幫我訂書架……，沒想到外國人還有專用名詞，真是酷！

學習自己做修繕

此後就開始蒐集各種DIY的資訊，才知道原來是因為國外人工昂貴，所以大家都很習慣DIY，甚至還有各種賣場可以買到相關工具，後來B&Q進駐台灣，也越來越多人認識DIY。父親過世後，家裡的修繕，能自己做的我就會自己做，要力氣的就等妹妹回家時請她幫忙。

自己做有其樂趣，但主要還是作業規模太小，很難請到工人。所幸近年來電動工具越來越輕薄短小，雖手無縛雞之力，靠著電動工具也是能鋸木板、鑽牆壁，所以家裡牆上的層板，幾乎都是我自己安裝的。先在牆壁上鑽個洞，打入塑膠壁虎，然後鎖上螺絲就完工了，只要按部就班慢慢做，並非難事。

因為工作上常要自己拍照，需要各種桌面才有變化，於是我買了一些木板，除了木紋外還不滿足，就上網訂購馬賽克，在上面貼滿白色馬賽克，看起來就像是廚房的流理檯。這並不是我第一次處理馬賽克，多年前為了一個醜醜的茶几，我也曾經做過一次，當時還是用組合跳色的方法做。在大家的稱讚下，我其實很汗顏，過程一點都不難，上

心血來潮做了一個小洗手台。

網查詢一下貼磁磚的方法，買了黏著劑與填縫劑，照著做即可。

玩馬賽克的作品中最有趣的是迷你水槽，因為買不到喜歡且大小適合的水槽，我就把一個塑膠收納箱挖洞，裝上落水頭，然後貼上馬賽克，看起來就像是一個用水泥做的水槽，做完後的成品倒是讓我自己也很驚豔。

或許，從漆油漆開始

一定很多人會說，這些都太難了。那油漆應該沒問題吧！我看國外影片中的小朋友也都能幫著家裡漆油漆。

現在室內多半使用乳膠漆，沒有臭味，若沾到用水就能洗掉，非常好用。之前看裝潢節目流行在牆壁漆出跳色效果，我也學著在家裡的幾面牆漆上不同顏色，因為用的量不多，就去大賣場以電腦調色，漆完後整個家的感覺因色彩活潑了起來。

漆油漆是修繕**DIY**中有趣又簡單的一項，有機會一定要試試自己做，如果不知道從何著手就上網查詢，有太多的資料可以讓你從工具到油漆品牌、種類都充分了解。

TO DO

紙盒改造收納盒

拿鋸子、釘釘子的世界似乎很難立刻進入，先從手邊的紙盒來廢物利用，做些桌上可以用的收納盒，方法簡單，也非常符合 DIY 精神。以下是示範，可依照自己的想法製作出更多樣式。

Idea 1

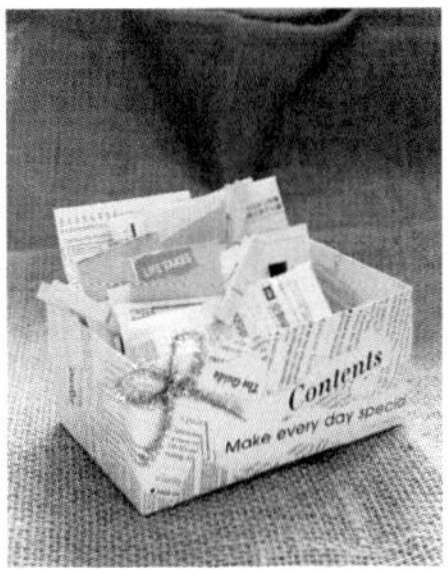

雜物盒

可以用來放便條紙、收據、名片等。找一個適當大小的盒子，以英文雜誌內頁撕成小塊裝飾外觀，用膠水黏上即可。

Idea 2

文具盒

無論是要擺放書、筆記本或筆，找個合適的盒子，裹上包裝紙即可。

Idea 3

化妝筆盒

擺在梳妝台想要更細緻些，不妨利用可愛的布料包裝，用雙面膠貼在紙盒上，包裹上布料即可。

Idea 4

抽屜首飾盒

進階版是用牛奶盒做成有抽屜的首飾盒，外層同樣包上布料，做好一點都看不出原本是牛奶盒。

「打破用途，什麼都可以裝。」

前面家事篇章中提到開放式收納，在此進一步的，我們讓收納裝飾化，不但擺放在外面，而且要擺得很好看。

用食器當容器

碗、碟、茶杯等是很實用的器皿，每每看到喜歡的，就會理直氣壯地買回家，剛開始都收在箱內，東西越來越多後，一方面收不下，而且覺得這些美麗的東西收在箱裡是浪費了，便開始拿出來使用。結果，茶杯什麼都裝，就是沒裝茶水；碗盤也什麼都盛，就沒用來盛飯裝菜。

拿來盛著糖果點心招待客人是最常用的方式了，不過仍然不夠，於是有點深度的杯子就放在案頭，裝些小夾子、迴紋針之類的瑣碎；有點味道的碟子就擺在桌上裝飾，再放上乾燥的石榴點綴。這可是由石榴市格拉納達學來的，在街上賣瓷器的店裡看見後，回來立刻如法炮製，摘了院子裡已熟的石榴，果然不賴。

此外，簡單造型的玻璃杯，偶爾用來喝喝涼茶或啤酒，但也有杯子裡頭並沒放著檸檬水，倒是充滿了乾燥玫瑰。這是自己種的玫瑰，開了，就剪下等待乾燥，乾燥了，就丟到杯中。這樣一季下來，就是一杯「玫瑰特調」，讓美麗有所延續。

食器，可以變成容器、變成花器。食材也可以做裝飾品，八角、花椒、糖等用玻璃罐裝起來即可，通常廚房中很難有適合的裝飾品，不妨用食材來做裝飾。

食器不一定裝食物，
天馬行空任想像。

食物不一定拿來吃，
當擺飾也很合適。

紙提袋也可以插插花。

紙袋的多功能

誠品書店剛開幕時，很喜歡去那裡買書，除了想要感受那種不同的書店氣質外，附加價值是它的綠色紙提袋，堅固又風雅，因此也就慢慢蒐集起來，在某些時候還發揮了不錯的功能呢！紙提袋是非常好的收納用品，好看的袋子還有裝飾作用。最重要的是不用花錢，而且質輕好移動，隨時可以更換袋子，達到不同的效果。

可愛紙提袋～

紙提袋最好、最簡單的用法是拿來做小物件的分類，可將發票放一袋，另一袋是各種通知書與信件，一袋再放各類說明書等等。不用買收納箱或盒子，只要利用幾個風格相同的提袋，並列在一起作收納，就能把瑣碎雜亂的物件輕鬆收好，可以說是處理家事的好幫手。而紙袋要掛在牆上，或者擱在檯面上，可以視空間需要來調配，即使隨意掛在門把上也很好看。想要整理發票時，只要整袋提到桌上倒出來，非常方便。

除了功能性的使用外，也可以用來變身成很棒的家飾品，其中以素色的提袋最好搭配，像是家裡空著的小角落，若是還沒找到合適的玩意兒來放，可以用一個牛皮素色紙

漂亮紙提袋拿來遮醜，
物盡其用。

袋來墊檔，只要在裡面放上路邊摘來的狗尾巴野草，任其乾燥，就是個裝飾品，空間中立刻瀰漫那麼點兒鄉村風味。當然也可以買自己喜歡的乾燥花放在牛皮紙袋裡面，你會發現比放在花瓶有味道多了。

此外，手巧的人可以利用紙提袋完成更多的改造，像是如果有很漂亮的紙袋，花點手工就可以用來對付混亂的書架，將不整齊的書籍遮蓋起來。只要仔細地將漂亮紙袋剖成兩部分，套到想要遮掩的一面就完成了，感覺好像替書穿上了一件外衣，又像放了一幅畫，增添了書架上的美感。曾將礦泉水瓶子做成花瓶，放在提袋中，然後插上鮮花，就成了提袋花器。

紙提袋的利用，非常的簡單輕鬆，可以說是生活中小兵立大功的最佳範例。

TO DO

五穀雜糧裝飾罐

除了用香料裝罐做為廚房裝飾外，五穀雜糧也可以如沙畫般裝入罐子，當成裝飾品。可以跟朋友或孩子們一起做，每個人做出來樣子都是獨一無二的。

Step 1

找出家裡各種豆子、雜糧，在要使用的玻璃瓶旁試排出花樣與順序。

Step 2

按照順序把穀豆放入瓶中。

Step 3

要做出傾斜，可以利用長湯匙慢慢放入。

Step 4

放完後先覆上一層保鮮膜，再蓋上蓋子。

Step 5

最後在蓋子上以碎花布料與麻繩裝飾，更具鄉村風。

成品

「找一個角落，讓身心都休息。」

在我住的地方，總會有一個角落，工作之餘讓我窩著看看書、聽聽音樂，旁邊隨手堆著雜誌，有小茶几可以放杯咖啡……，周遭有綠意，有各種雜貨裝飾，能讓眼光駐足、讓心靈滿足。

角落的定義

友人問我，角落有沒有什麼定義？我才開始思考這個問題，發現那是一種概念，沒有一定的形式，希望這個地方是在自己的家中，可以一個人使用，也可以與人分享。但，千萬不要因為這是個角落，以為是個牆角之類的空間。日劇「螢之光」裡，女主角每天坐在那裡喝啤酒的簷廊，就是我心目中的夢幻角落，我幻想夏夜裡坐在那兒，院子內有螢之光，抬頭能遙望牛郎織女。

現實中，一忙起來就是道具、書籍擺滿房間，但在前個案子結案、後面案子正在籌備規畫的接口，就會開始大整理，家人戲稱我又要開始「換風水」了。有時整理出一個看書的角落，有時擺出一個泡咖啡的角落；夏天的角落會有植物或魚缸，冬天的角落會鋪上羊毛皮，然後把電暖器擺放在旁。

角落也有其他的定義，不是給人窩在那裡的，而是疲累時，可以眼光停駐、轉移壓力。像是我家門口固定放了個花架，春夏放上三色堇與矮牽牛，秋天擺上薰衣和鼠尾，冬天則換成耶誕紅與冠香柏，從室內看出去是盆小花園，從戶外看則是一盆向鄰居打招

燈光、植物、小道具，讓
角落充滿自己的獨特。

呼的「交際花」。有次去拜訪從事花藝教學的朋友，帶了一些可以扦插繁殖的植物當伴手，果然是專業級的老師，立刻做了水苔花圈，把我帶去的絨葉小鳳梨插上，然後放在客廳一角，就成為一個令人注目的角落。

角落布置好用品

每個人的角落各有不同，要靠自己去布置。整理一下在我的空間中好用的物件，希望可以給大家提供一些靈感。

抱枕：大家應該都會用得到抱枕，它可以當枕頭、可以倚靠、可以丟在地上坐……還可以用它不同的色彩來裝飾，算是多功用的東西。所以，我買抱枕時會考慮很多，外面布套的質料觸感和顏色都是選擇的重點，而最重要的是抱枕套要可以拆下來，這樣才方便清洗。

蚊香爐：如果角落設在戶外，就會很需要點蚊香，尤其是夏夜裡，要不點蚊香，就淪為蚊子大軍飽餐的角落了。我因此特別去找了一隻蚊香豬，看見煙從豬的小口中冉冉上升，又是一種情緒的救贖；後來又找到了古色古香的香爐，用這香爐點蚊香，情調不同，但卻一樣好用。

植物是妝點空間的小精靈，買來放著就充滿生氣；又像是不會動的小寵物，需要照顧。從小小的種子盆栽，到可愛的多肉寶寶，都是很棒的角落裝飾物。空間大、光線好的話，選擇更多。如果是我，最喜歡熱帶風情的天堂鳥。最簡單的是黃金葛，不用種上一大盆，簡單的幾片葉子，放在水杯中，乾淨清爽。

最後是**超好用的布**。一張普通桌子鋪上漂亮的布，立刻身價不同，而且可隨時依不同季節與心情去變換。布可以隨意披在椅子上，素色的椅子配上豔麗的花布，花色沙發放上一條原色毛呢，都會有很棒的效果，看了有不同的心境，看膩了就換掉。

布，還可以掛在牆上當壁畫，看是要用畫框繃起，還是用木條懸吊，我則是用不傷牆面的雙面膠，直接貼在牆壁上。布的另一好處是輕薄好攜帶，當我離家遠走時，會在行李箱中放上一兩塊布，到了不熟悉的異鄉，我鋪開布料，立刻可以布置出一個角落，就像在熟悉的家中。

待在家中時間最長的人，應該是專職的家庭主婦吧！但很多主婦每天忙碌於家事，似乎都忘了要對自己好一點。偶爾應該要停下來喝杯茶、看看書，讓自己仍然與社會保持著互動，讓待在家裡做家事也變成一種幸福。所以，趕緊為自己整理布置出一個放鬆療癒的角落吧。

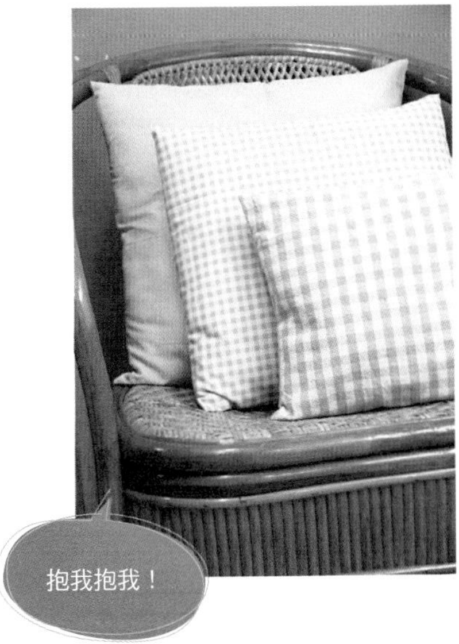

TO DO

布置一個自己的角落

在開始動手布置自己的角落之前，想想自己想要布置哪種功能的角落，下面用九宮格先做了發想，提供大家參考，或許可以先紙上思考，想清楚再去做，才能更有效率。

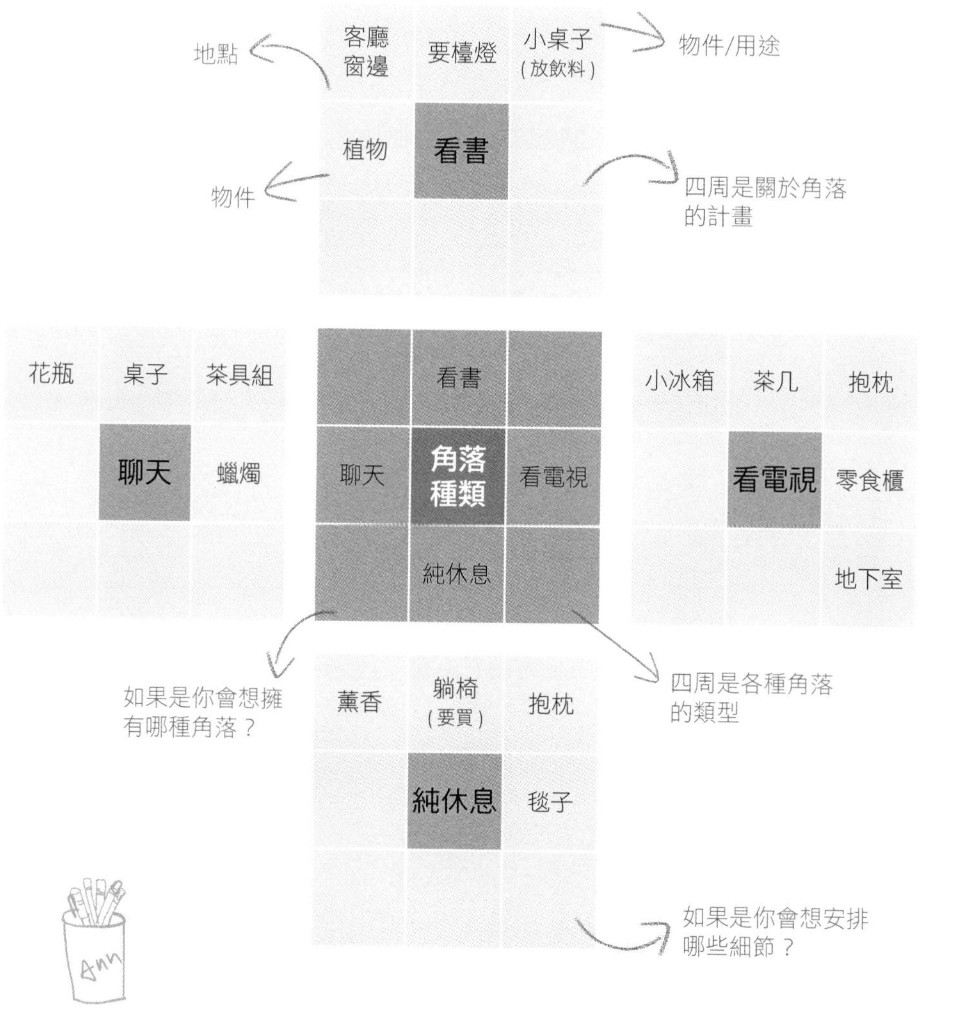

part
5

綠意

綠意是生活中的PLUS，

療癒又振奮人心。

“抒壓解鬱的綠色魔法。”

說起蒔花養草的初衷，只是喜歡用植物妝點自己的生活環境，但後來漸漸發現，在澆水剪枝間能放鬆心情；隨著時間的推移，院子開始有了花園的雛形。雖然是盆栽花園，經過一點一點的增添，也有樹木、有多肉、有四時更換的草花、有水生植物，於是有了期待。

或許形成一個不錯的生態環境，或許是原本就靠山邊的緣故，院子中開始有訪客光臨，尤其春夏旺季，每天都熱鬧得很。蝴蝶、蜜蜂、蝸牛、豆娘等算是常見的訪客，還有定居下來的青蛙與築巢的綠繡眼。說真的，沒想到小院子小陽台竟然也能成為小小生態世界，寫成花草物語的驚喜篇。

而花謝花開、如何種怎麼栽，結果不盡如人意。一棵小白菜種了一個多月才收成，讓我對農人多了尊重，自此不再斤斤計較；大雨摧花，只能嘆花落知多少，唯有看破，並對大自然充滿敬畏；花開滿枝頭，只有自己知道在一年的時間中花了多少工夫照顧才有這般榮景，當笑捻梅花時是真心的喜悅……都是我人生的啟示。

種花種出小生態。

穿雨鞋會有魔法？

只要心煩就走近植物，專心於其中，就能獲得平心靜氣，鬱悶壓力自然紓解。擁有一片綠意所獲得的療癒，似乎是人生樂章中的休止符，放空等待再響起的悅耳樂音。

既然已經發現植物有著綠色魔法，我開始分享給親友，也想將獲得魔法的方法分享給更多人，讓更多人的生活中擁有綠的療癒，甚至擁有神奇的綠拇指。

但無論我怎麼說，沒有親自體驗過的人是無法真正體會的，一起來種種花，如何？

「描繪自己的綠色地圖。」

每個人的環境不同、習慣不同、喜好不同，都各有一張屬於自己的綠色地圖。有窗台或陽台的人很簡單就能描繪出綠意所在，甚至還能畫上奼紫嫣紅；沒有的人就在室內擺上一盆耐陰的觀葉植物；空閒時間較多的人可以多照顧幾盆；忙碌的人書桌燈下一棵迷你盆栽也能相伴……，沒有限制，非常有彈性，每個人都可以擁有綠意。

三個步驟

但第一步要怎麼踏入呢？我大致拆分為三個步驟，這樣就可以一步一步照著來，例如挑選一種適合的植物體驗一下，甚至做個組合盆栽。實在無法種植的，那就去欣賞四季的戶外，也是地圖的一部分呀！這個篇章中的練習，多偏向實作，讓大家在體驗中學習與理解。

首先是觀察環境，確定日照狀況。植物生長最重要的影響因素就是陽光，不同的植物對於陽光的需求不同，如果能確認環境中的日照狀況，就算是成功了一半。有戶外窗台或陽台的人，只要把合適的盆栽擺上去，就可以輕鬆地擁有繽紛與綠意。沒有陽台的在室內擺幾盆耐陰的觀葉植物，整個空間就充滿生機。

接著是評估個人照顧能力。有些花需要無微不至的照顧；有些植物可以無為而治；種類的需求不同，數量上也是要考慮的，因為照顧一兩盆很容易，但植物種類多了，就可能會產生「真麻煩」的念頭而無法持續。所以在選購植物之前，先評估自己每天有多

少時間可以照顧植物，然後再決定要買何種植物，以及要買多少植物。最後依照之前的評估採買與擺放。

人生中也通用的法則

不多久，看看植物生長狀況就能驗證你的「判斷與決策」能力是否良好。即使失敗也無妨，找出原因再接再厲。我有時候覺得對著不會說話的植物，是對「了解別人」這項能力的最佳訓練。當植物用生命告訴你該如何做時，怎能不行動？一年等待開一次花的經驗，則是培養耐心的練習戰場。

此外，照顧花草時，也要運用方法讓動作簡化，才會更有效率。如把需要天天澆水的植物分成一區，不用天天澆水的放在另一區，在照顧上自然會比較方便。蒐集資料、判斷決策、溝通協調、提升效率這些技巧並不是園藝專家才擁有，在工作上也是必須具備的。因此，在園藝中、在生活裡的陶冶，對我的工作、甚至人生影響非常大。綠色地圖有可能就是人生地圖。

種花的環境，也是一種風水呢。

常聽到有人說：「我不要種花，每次種都死光光。」我都會很堅定地跟他們說：「這絕對不是你的錯，應該是環境的問題。」很有可能是因為買錯花、種錯地方。

我每次帶想接觸園藝的朋友去花市時，他們的第一個反應都是想要買「花」，但豔麗的草花幾乎都需要充足的陽光，買回去放在半日照的陽台當然狀況會不好。因此，在進入園藝世界之前，要從做好功課開始，才不會有美麗的錯誤產生。

也常被問到，「我好想種會開花的植物，但我沒有陽台那種室外空間，在室內可以種什麼花？」這些友人心裡所想的都是瑪格麗特、美女櫻那類的浪漫，當沒有環境可種植時，我還真的愛莫能助。中國人講究房子的方位，坐東朝西的房子西晒嚴重，但都市裡大廈林立，有時陽光難免被其他建築物遮住，即使方位相同，環境也有所不同，還是要親自觀察自己的環境，才能找到最適合的植物。

以我而言，家中窗台是全日照的環境，可以放對陽光需求大的植物；而陽台因角度關係，雖然光線明亮，但陽光卻不足半日，所以選種植物多適合半日照。有這樣的概念，再去花市繞一圈，才能買到適合自己種的植物。好的開始是成功的一半，如果要種植花草，一定要記住：養花作業的第一課，就是研究好環境中的光線狀況。

從日照狀況來選擇植物

要確認自己的綠化舞台環境是屬於哪一種，首要步驟就是觀察家中日照與光線的狀

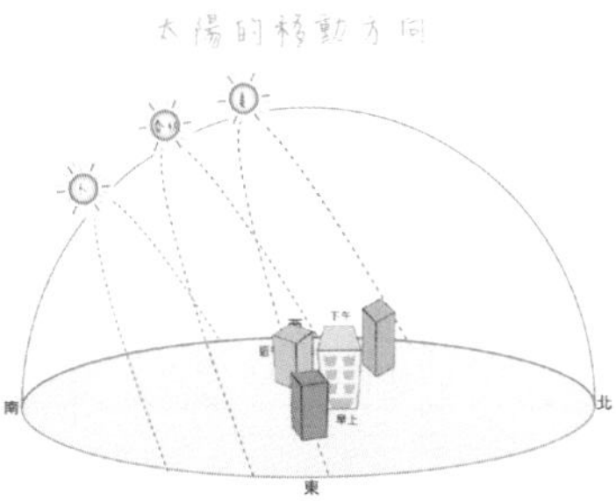

太陽從東邊升起，但四季角度不同，遇到建築物就無法穿越，因此方位相同，日照狀況也不盡相似。

況，確認想要綠化區域是一天都有陽光的全日照，還是只有幾小時的半日照，或者一天都是處於陰影中？依照不同的日照環境篩選適合的植物，成功機率自然大增。

如果日照超過四小時的環境，可以選擇喜愛陽光的草花或開花性的木本植物，像是天竺葵、九重葛、矮牽牛、馬齒牡丹等，會使整個空間十分活潑；日照時間若短於四小時，或有些低矮樓層日照被遮蔽，光線比較陰暗，就可選擇較耐陰的蘭花或觀葉植物，例如黃金葛、黛粉葉、山蘇、常春藤等，甚至是蕨類都很適合。

哪些地方可種花

如果說「花」是入門者最愛買的植物，那麼浴室是我被問到「可不可以種植物？」「要種什麼？」最多的地方，大家都覺得在浴室放上綠色植物很浪漫，但在浴室種植的失敗率太高。我多半會先問浴室是否有窗戶？採光如何？如果都沒有，就會建議不要在浴室中養植物，畢竟陰暗潮溼又不通風，當然難度很高。周遭的環境中有太多地方可以擺放綠意，退一步海闊天空呀！

家裡的院子、陽台、窗台是最基本可以種花的區域，如果採光好又通風，那一定是風生水起的好地方，植物也會長得很茂盛。此外，想種在辦公室也沒問題，通常辦公室都有空調，室內溫溼度固定，座位旁邊有窗戶採光更好，即使沒有緊靠窗戶，大部分辦公室燈光都有一定的水準，或者可以利用檯燈輔助，挑選些室內植物來種植，同樣能在

辦公空間擁有一抹綠意。其實只要有光線、通風的地方，都不要放棄嘗試。

了解植物特性

除了解環境外，另一個面向就是多了解植物的特性，弄清楚看中的植物是否需要陽光、對溼度的適應、照顧的頻率，才能確認自己是否可以種植，否則買回去後，很有可能會不開花、枝幹徒長，甚至枯萎。

舉例來說，銅錢草雖是觀葉植物，卻需要足夠的陽光，放在室內就長不好；而像是三色堇、瑪格麗特、日日春等草本花卉，也都要日光照射才會長得好；室內的花卉女王非洲堇，則是不能放在太陽下直晒，要放在有散射光線的地方。

每種植物都有自己的個性，就像是交男女朋友般，不但要看對眼，還要理解彼此適不適合。所以，當在花市看見一見鍾情的盆栽時，可以向店家詢問生長特性，例如是室內植物，還是需要戶外陽光？要怎樣照顧比較好？通常都會獲得很詳細的解答。而除了相關書籍，網路上也有很多資料可查詢，要認識植物一點都不難。

TO DO

選出適合自己種的花

踏出第一步要正確，才能走得更長更遠。先考察一下想要放植物位置的環境，決定要種什麼花，成功機率才能大為提升。

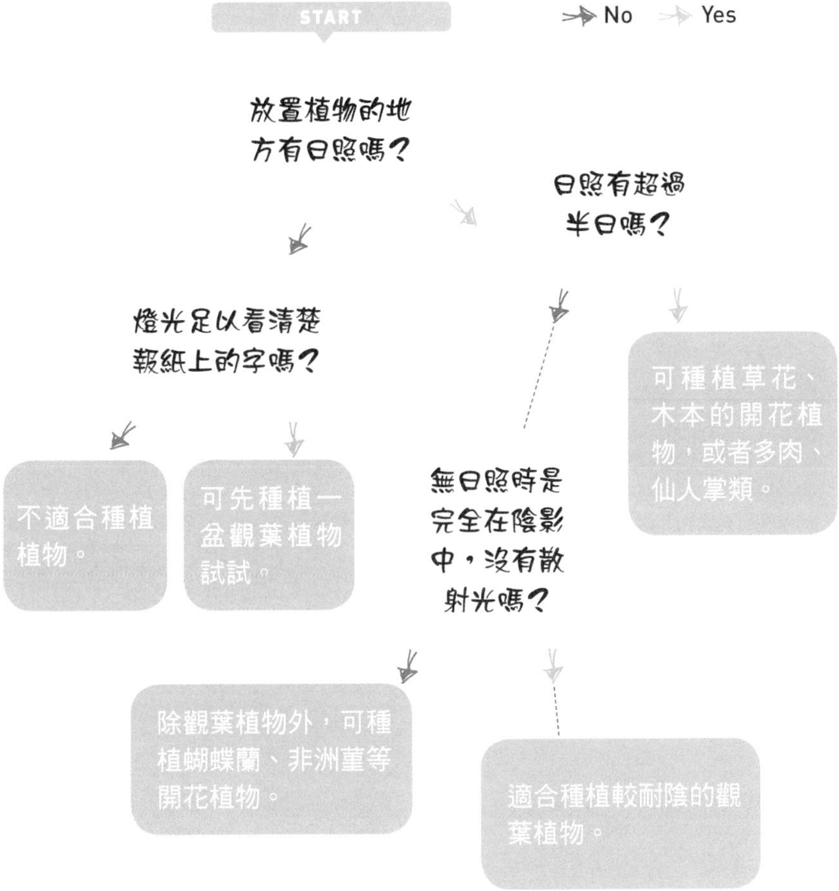

START
No
Yes
放置植物的地方有日照嗎？
日照有超過半日嗎？
燈光足以看清楚報紙上的字嗎？
可種植草花、木本的開花植物，或者多肉、仙人掌類。
不適合種植植物。
可先種植一盆觀葉植物試試。
無日照時是完全在陰影中，沒有散射光嗎？
除觀葉植物外，可種植蝴蝶蘭、非洲菫等開花植物。
適合種植較耐陰的觀葉植物。

“別人逛街，
我逛花市拈花惹草。”

假日休閒時有人喜歡到郊外踏青，有人呼朋引伴上餐廳打牙祭，而我雖然已保持多年自由工作者的身分，但我也仍有「假日」活動，就是逛逛假日才開的「假日花市」。

一站購足建國花市

由於住在台北，最常去的當然是建國花市。從仁愛路口那攤燦爛草花開始，一路上有果樹、蘭花、木本植物、香草、室內植物、各種季節花卉等，偶爾還能看到大樹。

建國花市的市集特性，使它擁有滿多優勢，除了攤位多、種類多之外，每攤都會擺出滿滿的植物供客人挑選。如果是平日營業的花圃，不大可能像這樣每天擺得滿滿的，這種情況在炎夏或嚴冬最為明顯。在植物生長較困難的季節裡，會發現一些花圃的植物較少，或許是因為植物生長狀況不好，花圃不敢進太多貨，而且即使進貨也維持不易，容易有折損。

此外，這裡更多的是家庭可購買的小盆栽，花材、肥料、用具等應有盡有，可以一次購足所有的東西，還會不定期舉辦花展或活動，因此就算不買東西，我也喜歡假日有空過去逛逛。近年來，發現這裡的商家更貼心了，植物上都會插名牌，有的還會標示適合生長的環境。當買了花，他們會主動告知如何照顧，或者附上一張說明書，讓更多人可以更快進入綠生活，這真是很棒的事情。逛完後順便在附近吃個午餐，於是逛花市成為生活裡的一種休閒活動。

建國花市
牡丹展。

各家花圃都有特色，有的是植物，有的是盆器，有的還可以邊逛邊遊憩。

台北還有幾處非假日開放的花市，例如內湖花卉批發市場，雖是切花批發，但有販賣一些小盆栽和花器；興隆路的花木批發市場則有許多盆花可選購；而社子附近的台北花卉村有不少多肉和水生植物。我很幸運家附近有幾家小花圃可以隨時補給。常常逛就會發現每家花市都有自己的特色，當缺了什麼時就可以很快找到地方採買。

找尋住家周遭的植物賣場

想開始綠生活，不妨先打探住家附近有沒有園藝資材的賣場，臨時要用就可以很快買到。不然如果買東西都要跑花市，以一般人的惰性，很快就會嫌麻煩而放棄，這樣就太可惜了。通常花盆、土壤、肥料等物品在一般大賣場就能買到，平時購物時可以順便採買；五金行有些也會賣花盆、噴壺、圓鍬、鐵線等。中南部腹地較廣，應該也有很多花圃，我曾經旅行順道到彰化田尾，對公路花園印象深刻。

一般入門者來到花市可能會有逛大觀園的感覺，但只要弄清楚自己的環境，就可依條件尋找適合的植物。建議可以從小盆的開始著手，如果要種在室內，可先選購三盆一百的觀葉植物；戶外種植則可考慮花朵美麗的九重葛或多肉植物石蓮等，這些都是適應力強又好照顧的。選擇時要注意葉片完整、沒有枯黃；開花植物要挑選花苞多，且已經開了幾朵，才方便確認顏色。之後多去幾次，多問些問題，自然而然就會增加種花方面的知識，認識更多的植物。

植物購物清單

開始種植植物後，會需要慢慢增添一些用品，可從基本款開始。如果順利進行了兩三季，除了恭喜外，建議往進階款採購，練習換盆、扦插等技巧，網路上有許多經驗分享，市面上也有很多專業書籍可參考。

基本款

☐ **小包培養土**

培養土是已經調配好的栽培用土，乾淨無菌，很適合室內栽培使用。常備一包在家裡，隨時要用就有。在大賣場可以買到。

☐ **化學肥料**

化學肥料有粉狀、水溶液與顆粒狀，通常都被當作追肥，不用分解，效果也較快速。適合室內或新手使用。

進階款

☐ **有機肥料**

當植物漸漸成長，需要換盆或施以更多元的肥料時，就需要有機肥料。以動物骨粉、油粕等有機物製成，屬效果較慢的緩效肥。

☐ **介　質**

除土壤外，植栽用土還會加入介質，增加透氣、保水或排水等功能。換土、扦插時可以使用，常見的有珍珠石、蛇木屑、發泡煉石等。

☐ **混合土**

混合黏性較大的山土與培養土而成，較培養土能保水。如果要種植在戶外，或者大盆的植物，可以改用混合土。

☐ **園藝工具**

例如園藝剪與圓鍬。植物種植一兩季後，就會遇到需要修剪、換土、換盆的時刻，添購工具能讓工作更順利。

「種植一次用一點的菜，要用時就上陽台去採。」

由於食安問題層出不窮，有機與安全食材越來越受到重視，也有不少人開始自己種植蔬菜。有人租地耕作，有人在陽台種植，到書店走一遭，會發現陽台種菜、用花盆種菜這類主題的書非常多，儼然是種流行趨勢。

我是十分鼓勵大家有環境就來種種菜，除了綠化環境外，還有一個原因：真正去耕種後，才會知道即使一株青菜亦得來不易，更懂得珍惜，也才能體會為什麼有機或自然農法種植的蔬菜價格比較高。在家裡種盆菜還有個好處，就是不但有菜吃，還可以欣賞綠意，非常經濟實惠，一舉兩得！

新手上路很簡單

開始之前，唯一要確認的，同樣是種植地方是否日照充足。絕大部分蔬果都需要日照充足的環境，至少要有半天日照，成長的狀況才會好，像是明亮的窗台、陽台、屋頂等處是最佳場所。如果住的地方真的採光不好，先不用失望，不妨種植不需要光線的芽菜，像是苜蓿芽、豌豆嬰等。

接著就是準備所需的物品：花盆、土壤、有機肥、菜苗或種子。花盆深度至少要能裝十五公分高的土壤；想要將蔬果養得更大，或者種植根莖類，則需要更深的容器。也可以廢物利用，用寶特瓶、鮮奶盒來種。土壤使用一般的培養土，要先拌入適當分量的有機肥，當作基肥，提供植物長期的養分。短期收成的葉菜類，這樣的肥分就已足夠，

挑戰！從種子開始。

準備好裝滿花盆的土壤後，就可以開始栽種。

由於種子繁殖比較需要經驗與技巧，還要看播種的季節，有時氣候突變，甚至連發芽都難，如果種的數量不多，會建議直接買菜苗來種，成功率較高，也更方便快速。菜苗是農友們已經培育好的小苗，通常種苗店賣的一定是當季可栽種的品種，這些菜苗長在穴盤中，根部成長完整，只要移植到花盆中即可。

若真的想要從播種開始種起也無妨，挑選適合的種類是成功的關鍵。最好選擇成功率高的葉菜類，像是小白菜、空心菜、A菜等。在花市或者網路上都可以找到賣種子的店家，新鮮度越高，發芽率越好，用不完的要放冰箱冷藏保存。

不想花錢的話，也可以用菜市場買回的蔬菜扦插，像是紅鳳菜、地瓜葉等，老的莖葉摘下後不要丟掉，插在潮溼的土壤中，很快就會生根發芽；而發了芽的蒜頭、紅蔥頭，栽種後會長出蒜苗與珠蔥。前陣子我將切下的蘿蔔頭丟在土中，竟然長大開花結果，這輩子第一次看見蘿蔔花與果實，這種隨興與意外是隱藏版的樂趣。

陸續採收的菜種最適合

記得第一次用花盆種菜時，有很多人都質疑我「這樣怎麼夠吃」。的確，以花盆種菜收穫量較少，但千萬不要因此退卻，誰說在花盆種菜一次要全部採收呢？種些可陸續採收的蔬菜，每天早上要做三明治時，剪幾片葉子就夠用了。想煮碗泡麵，就剪摘一些空心菜、地瓜葉，不用連根拔起，剪完還會再長出來，這是盆栽蔬菜的專屬使用說明。

種子發芽冒出青翠。

如果家中種植面積較大，則可選擇小白菜、莧菜、青江菜等，菜苗種下約三十天，就會長得非常茂盛，此時就能整株拔起食用。一般從菜苗種植的葉菜類，照顧方法很簡單，只要在定植到花盆時，每一株維持適當距離，之後澆水保持土壤溼潤即可。由於土壤中已放入有機肥，一般葉菜在採收之前不用再施肥。

從菜苗開始種植成功率較高。
用吊盆種菜，是種新嘗試。
空心菜可以陸續採收。
沒有空間的人種芽菜也不錯。

一暝大一寸。

要讓葉菜長得又快又嫩，需要充足的陽光，所以小苗茁壯後，要把花盆擺在可以照到陽光的地方。對於住在都市中的人們而言，此時就能體會到選用花盆種菜的好處：可以突破空間的限制，在陽台上、窗台邊都種上一盆，還可以隨時移動，逐陽光而居，在整理與照顧上都方便許多。

如果種在屋頂或者戶外，則要留意菜蟲、蝸牛等蟲害，例如看見白粉蝶出現，不久就會發現有白粉蝶的綠色幼蟲在啃食葉子。由於蔬果是要食用的，加上種植的量不多，最好用手或鑷子夾去蟲子；種植數量多的話，則可採用有機栽培使用的無毒藥劑來處理，像是矽藻土、礦物油等，這些都可以在花市中買到。

當然預防勝於治療，不妨在種植之初，就利用鐵絲彎成半圓形，搭在花盆上，然後蓋上一層紗網，用自製小網室來隔絕害蟲。種上一、兩盆，體驗親手栽培的蔬菜「一暝大一寸」，不但擁有成就感，更能享受到收穫的喜悅。

自製防蟲網。

種一盆免錢盆栽

如果不想花錢買植物，除了請朋友分享外，還可以利用切除的青菜心、種子，或者發芽的蔬果來種植。找找看冰箱中是否有這樣的「剩菜」，放在水中或土裡，就有可能長成盆栽。

Idea 1

柑橘類種子

圖為柚子盆栽，柳丁、橘子的種子也可以如法炮製。

Idea 2

火龍果種子

把火龍果裡面的黑色籽濾出、洗淨，種在土上，很快就會發芽。

Idea 3

切剩的菜根

原本只有下面的心，放在水中後，就長出綠葉。

Idea 4

發芽的地瓜

地瓜的一角切下放在水中就成為盆景。

Idea 5

發芽的蔥蒜頭

紅蔥頭種出珠蔥、蒜頭種出蒜苗，可欣賞也可食用。

Others

種子：

蘋果籽、荔枝籽、瓠瓜籽、南瓜籽等蔬果種籽都可以種。

剩菜：

胡蘿蔔、白蘿蔔、玉米等切剩下的頭部都可以拿來種。還有芋頭、馬鈴薯也都會長出綠葉。

"香草能泡茶又能做料理非常實用。"

如果你的生活空間更小，無法種上一兩大盆蔬菜，也不要氣餒，可考慮種植香草，如用於香料的九層塔、香菜、蔥等，這樣做菜時就可以隨時取用，新鮮入菜。對於常吃西式料理的人，迷迭香、百里香也是很好的選擇；喜歡喝花草茶，可以種植薄荷、香蜂草、馬鞭草等，只要摘下來洗淨，以熱水沖泡即可。

大多數的香草都需要全日照，但不用烈日直射，家中若有日照充足的窗台或陽台，不妨開始種植香草，可以一盆盆的栽種，也可做成豐富的組合盆栽。

隨摘隨用香草小花園

我很早就開始種香草，覺得很實用，可觀賞也可泡茶或入菜。當風吹過，或者澆花輕觸時，還會飄來香氣，令人身心舒暢。某天看一本健康飲食的書籍提到甜菊，剛好院子裡有種，心念一動，就摘了甜菊與香蜂草，泡了一壺甜甜又有檸檬味的香草茶，但這杯茶中沒有糖分，也不會有檸檬的酸，沒有糖分卻會甜，這就是甜菊的神奇了。

甜菊的甜度是砂糖的二百倍，沒有熱量、不會發胖與蛀牙，糖尿病患者可以用甜菊來取代糖。以甜菊當作代糖不但沒有副作用，而且是鹼性食品。很少接觸花草茶的人可能很難想像有甜菊這樣的植物，但在花草茶中放入甜菊，就像是中藥茶放入甘草一般，讓整個味道都和諧了起來，甘甜好喝。

受歡迎的義大利料理使用許多香料都可以自己種植，像是羅勒、奧勒岡、百里香、好用好看又好聞。

迷迭香等，每種剪下一些，就可以做成一盤不輸主廚的義大利麵；而南洋料理中常見的檸檬香茅，用來做滷味、火鍋湯頭都很棒。

分散風險，雞蛋放在不同籃子裡

在我的經驗中，種薄荷是最讓人有成就感的，它比較能忍受潮溼，而且可以水栽，最適合新手栽培。迷迭香只要不要澆太多水，或者著蟲，通常都寒暑不侵；如果大方施些肥料，再給予充分的陽光，那可是會長得超茂盛，用手去摸葉子，味道超濃郁，還會有黏黏的感覺呢！

百里香也是目前有經驗能照顧到過夏的香草。不過，我種的檸檬百里香可是換了很多地方，才在大樹下找到讓它在夏季可以生長的環境，可惜的是，白色的邊都

我是神奇的甜菊～

不見了，原因不明，但進入晚秋後，葉子又開始恢復原本的花色，真讓人感動。而讓我每年都遺憾的是薰衣草，只好透過扦插，多存活一些小苗，留下稍許希望。

我發現要避免傷心的方法，就是繁殖它。香草多半都可以用扦插方式繁殖，然後每盆放在不同的地點，可藉此找到最適合的環境，也因為地點不同，隔離開來，可以避免蟲害的感染。否則夏季氣候悶熱，紅蜘蛛會迅速蔓延，一發不可收拾。

為了避免過於悶熱，終極手法就是利用電風扇讓環境通風；或者公司裡有空調，也可以帶分枝的小盆到公司擺放。吹冷氣又有陽光的地點，應該很適合這類植物的生長。曾經在醫院的窗戶邊看見植物長得很好，也曾聽朋友說他們公司窗台擺滿同事種的非洲堇，都生長得很健康美麗，我想香草類植物應該也可以如法炮製吧！

夏季除了悶熱外，午後的大雨則是無情的摧花者，「答！答！答！」大顆的雨滴從天上掉下後，各式草花都被打得七零八落，有的還折斷了枝芽。真是可以清清楚楚看見花落有多少呀！不過，室外的植物因為大雨，沖刷掉一些毛蟲與塵埃，其實對於植物而言，也是件好事情。而且大雨後的夜晚特別涼爽，日夜溫差大也會使植物的生長有不同風貌呢！

挑盆香草來種植

香草植物非常實用，可以泡茶或料理，如果有環境自己種植更好，隨時採摘取用，走近香草植物旁，觸動植物後香氣飄散，十分療癒。以下是常見且實用的香草植物，先略微了解，接著上花市去採買吧！

刺芫荽

比台灣芫荽好種植，味道濃郁。

百里香

常用於料理肉類、做義大利料理。

香茅

充滿南洋風味，泡茶、做料理均可。

羅勒

味道類似九層塔，做披薩義麵均合適。

甜薰衣草

用葉子即可泡茶，也可以做料理。

迷迭香

可以泡茶，也常用來烹調肉類。

檸檬馬鞭草

可以泡茶，清新香氣讓人心曠神怡。

香蜂草

可以泡茶，也很適合做冰淇淋等甜點。

“種水生植物，
又是另一種樂趣。”

水，似乎就是夏季裡不可或缺的主角，而在夏天，大家都變得更有「親水性」，湖岸河邊都是人潮。因此，夏日是開始玩水生植物的好時機。水缸帶來的清涼感與玻璃容器的透明感，都可以稍減暑意；而對於不喜歡接觸土壤的人，也可以從水生植物展開自己的綠生活。

模樣小巧，室內也能養～

水生植物帶來的小生態

陽台上長年放著個陶製小水盆，種著迷你睡蓮，天氣一溫暖起來，它就開始蠢蠢欲動，彷彿拚命擺脫冬天的寂寥。我在水盆裡面養了隻鬥魚，巡遊在睡蓮旁，牠的任務便是消滅蚊子的幼蟲，以免蓮花盆成為蚊子窩。

雖然已經有了睡蓮，仍覺得夏天應該再多栽種些水生植物，所以趁逛花市時又買了黃花菱與一葉蓮，晚上還可以搞浪漫，在水缸裡放上浮水蠟燭，如果月亮肯出來，或許能上演對飲成三人的戲碼。

天氣轉熱後，院子裡的布袋蓮自顧自地開放，一抹抹的紫，非常美麗，由於有一片花瓣上有著黃色的印記，有如眼睛，因此又被稱為鳳眼蓮。自從多年前買了兩株放在水

從兩株繁殖成一大盆的布袋蓮。

池後，就隨它自生自滅，繁殖力與生命力都非常強，到夏季就長滿整個水盆。

水生植物是炎夏的救贖，不只觀看的人覺得清涼，這一個小小水盆，是蜂的水源，豔陽下不斷地來回取水；夜晚，青蛙則從陰涼處出來約會，所以，池水裡常常會看見蝌蚪，應該已經在此繁衍多代。誰能想到當初只是為了想要種一些有趣的植物，卻意外的變成一個小生態，這才是小確幸。

水生植物的類型與栽種

水生植物有很多類型，根在泥土中、葉子浮在水面的，是浮葉性的水生植物，像是睡蓮、菱角等；

根葉飄浮隨波逐流的稱浮水性水生植物，例如浮萍、水芙蓉；像荷花的葉子挺出水面，就被歸類為挺水性；而在水面下生長的水草則屬於沉水性水生植物。不同特性的水生植物，所需要種植容器與產生的效果都不同，這是採買選購水生植物時要考慮的要素。

在栽種的容器方面，如果種植沉水植物，則要選擇透明的玻璃容器，這樣才可以看見植物的姿態；在水面上的浮葉或漂浮植物，如圓心萍、黃花莕，要選擇廣口的容器，才能看見植物的葉面與花朵；挺水或者濱水植物，如高大的莎草、白鷺莞，可以用花瓶栽種；低矮的田字草放在淺盤，簡簡單單就在室內創造一隅綠灣，增添清爽。建議在花市看見喜愛的水生植物時，不妨順便添購容器，買回家後才能立刻栽種。

還有些植物並不是公認的水生植物，但是可以水栽，而且不用特別花錢去買，像是薄荷、黃金葛、常春藤等，剪下一段插在水中，就可以變成水栽植物。我喜歡用透明玻璃瓶放養它們，因此每每有飲料瓶子，就留下來養上一株。透過這些玻璃瓶可以看見水的晶透，在炎炎夏日，室內非常適合擺上一兩瓶。

照顧簡單不費心

水生植物在照顧上很簡單，只要不讓盆中的水乾涸就好，絲毫不用擔心澆太多水根會爛掉，不過要注意的是，如果使用的盆子較小或淺，因為水分比較快蒸發，要隨時注意補充。

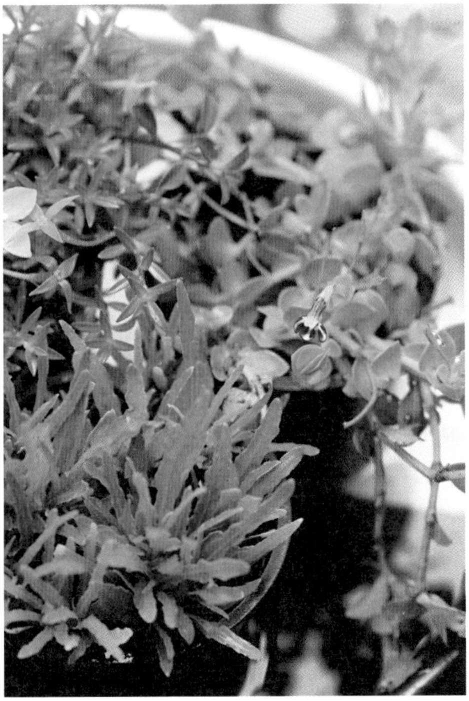

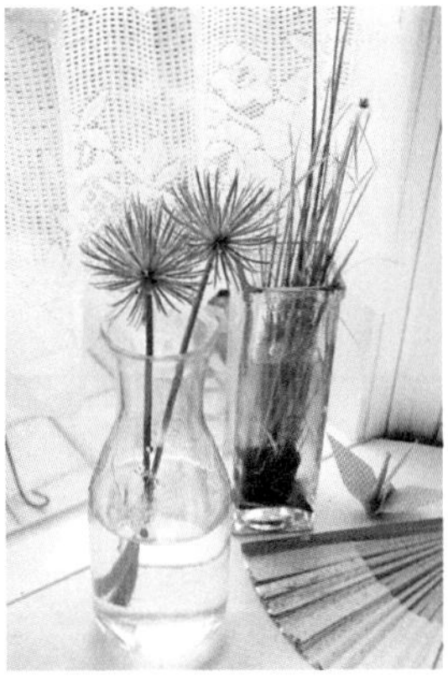

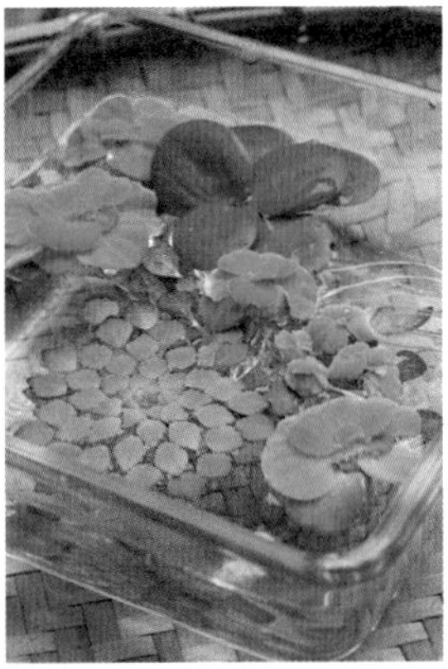

帶來清涼感的水生植物，
有各種類型與模樣。

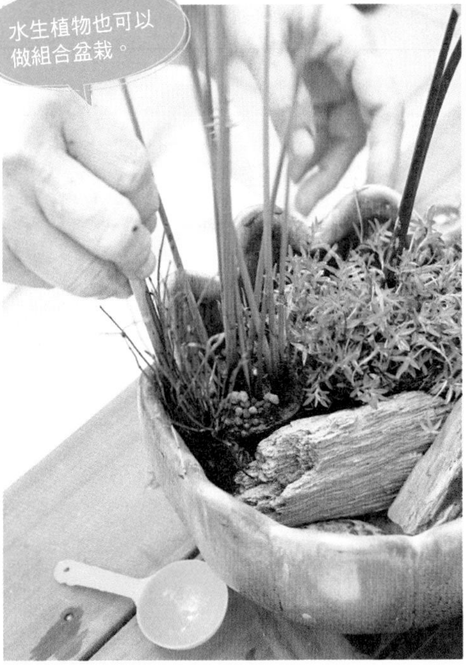

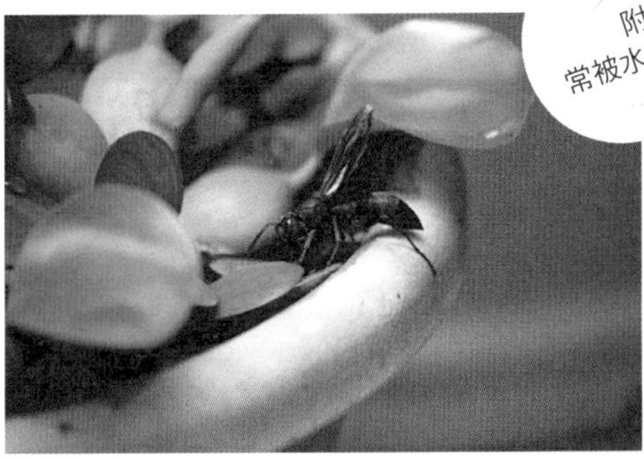
附近的蜂
常被水盆吸引而來。

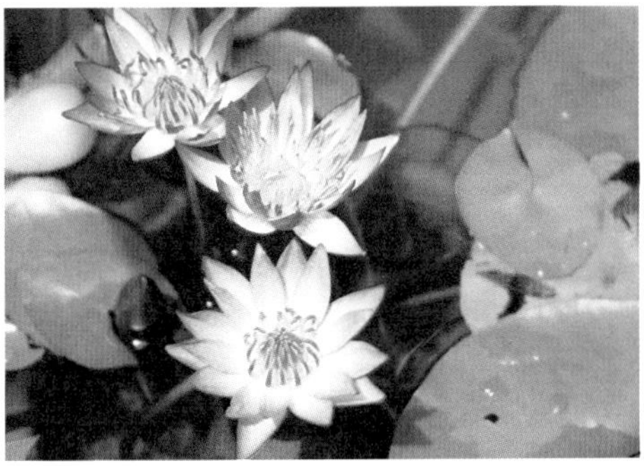

陽光普照的日子迷你蓮花才會開放。

剪下來插水裡，
水栽很方便。

有人擔心水盆會成為蚊蟲滋生的溫床，其實只要勤換水，讓水保持潔淨，就可以避免；或者在水盆中養魚，像是金魚、鬥魚、孔雀魚都可以吃孑孓為生，賞花兼賞魚更有情趣。養魚時要注意，如果放置在強烈日晒的地方，要觀察一下水溫，萬一盆子太淺，水溫會迅速升高，威脅到魚的生存，此時只要墊高盆子，避免底部直接接觸熱燙的地表，並且通風，就可以有顯著改善。此外，植物的枯葉留在水盆中會腐爛，因此要勤於摘除；植物長得過密時，要注意修剪與疏鬆，也可以利用這個機會分株或扦插，做為備份或者送給親友都不錯。

如果最近去逛花市，別忘了去逛逛水生植物的攤位，買一兩株適合自己環境的水生植物；或者，留下可愛的玻璃飲料瓶，裝水插上些植物，放在窗邊。你會發現，夏日的陽光好像變得不再那麼刺眼與熱烈，而只需要水就可以放養植物，當園丁也變得簡單多了。

買棵球根來水栽

常有人不喜歡土壤，怕髒、怕蟲，但又想種植植物，除了前述的水栽植物外，也可以在冬天買些球根植物來種，因為這類植物的成長養分都存在於球根中，只要供給水分就能成長。無論是中國的水仙或歐洲的風信子，都不用土也能栽培。

水仙的成長

Step 1

剛買來的球根只冒出一些根和綠芽。

Step 2

將球根擺放在淺盤中，然後注入水，記得要常常注意加水。

Step 3

根越長越多，上方也開始抽出新芽。

Step 4

天氣暖和會加快生長，長出花芽後就等待開花。

風信子球根

以水苔固定，然後只需要澆水即可。

風信子開花後

風信子開花後香味非常濃郁。

「若是開始考慮施肥，表示種植已經上手了。」

有一段時間，我很像開了植物急診室，從不同朋友那裡收了很多奄奄一息的植物，重新換土、換盆，修剪、施肥後，大多都又恢復生機，它們生病的原因多半是沒受到正確的照顧。植物的基本照顧其實只要注意兩項：澆水和施肥。

澆水，過與不及都不好

「我的植物葉子都乾了，我都有澆水耶。」這也是我常被問到的問題之一，而且原因都一樣，不是沒澆水枯乾，是因為澆太多水，使得根部腐爛，無法吸收水分而枯乾。知道答案後才恍然大悟，有一種這麼認真還沒有好成績的鬱悶。

事實上，澆水聽起來容易，但要掌握正確的方式可不容易，也是植物是否能存活重要的因素。澆水的方式大致可分為兩種：一種是將水直接灌入土壤中；另外一種則是噴灑葉面。如果不能確定要用哪種方式，就直接澆在土中，因為很

摸摸土

慢慢澆

噴噴水

多開花或者葉面有絨毛的植物，都不適合直接灑水，以免花朵或葉面爛掉，或者有病蟲害產生。寒冷的冬季最好是早上澆水，晚上氣溫太低，水分會使根部溫度更低而難以承受。水分管理是栽種植物非常重要的一環，沒有養成習慣，隨時留意植物水分是否適量，很容易忘記澆水。不知道要確認水分狀況才澆水的朋友，則是每天定時澆水，而讓植物「淹水」了。

要知道植物是否缺水，可用手指直接按入土壤約五公分處，感覺仍然潮溼就表示並不缺水，如果是乾燥的，表示可以澆水。但要注意盆栽的土壤乾透後，一澆了水，水會立刻從盆底流出，別以為就澆透了，其實是已經乾硬的土壤無法馬上吸收水分，才會造成這種狀況。此時就要多澆幾次，讓土壤徹底溼潤，或整盆放入水盆中吸水。

施肥就像是植物進補的概念

如果植物買回來順利過了一季，真的要說恭喜，表示找對植物也用了正確的方法照顧，此時就要開始考慮施肥的事情了。肥料看起來有點專業，但分類後也不難理解。

先從功能來看，肥料的組合是以土壤中比較容易流失的氮、磷、鉀三種成分為主，氮的作用是促進葉子生長，磷的作用是開花結果，鉀則是讓根莖茁壯。市售肥料會將這三種做不同比例的組合，開花用、觀葉用、根莖生長用等不同功能，並順序標示氮-磷-鉀的比例，如30-10-10，理解上十分容易，購買時根據自己需求選擇即可，像是九重有機肥料。

化學肥料。

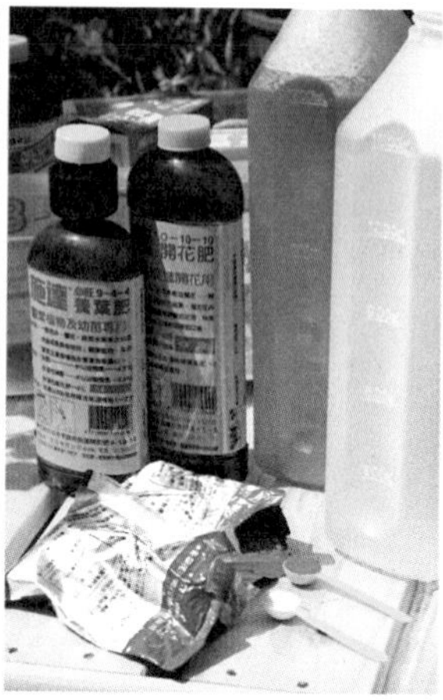

葛、玫瑰等要選擇開花用的肥料，常春藤、萬年青等就選擇觀葉植物用的肥料。

在性質上又分為有機肥與化學肥料。有機肥需要時間分解，是緩效性的，埋在土裡幫植物打好健康的根基，就像是我們常常吃藥膳食補，效果不會太明顯，但是可以身強體健；而化學肥料像是維他命，很快就吸收，立刻精神百倍。

一般室內植物其實可以使用化學肥料就好，以免會產生小蟲或味道，而且化學肥料使用上也比較方便，只要依照說明書上的指示予以稀釋，也可以事先做好水溶液裝在寶特瓶中，每七到十天施肥一次。如果放在室外或陽台，可試著使用有機肥，土壤會比較有活性，植物也比較強健。

在肥料的施用時序上，則分為基肥與追肥。基肥在換盆移植時拌入土壤中，如果買的是培養土，多半已經有肥料在土中，就不用再添加基肥。而前面所提每七至十天施用的肥料稱之為追肥，可以定期使用，但是濃度不要太濃，可幫助植物長得更好、更快。因此，想要花開滿屋，追肥是不可少的。

施肥雖然是照顧植物的一個重要環節，切記要適量適時，可別貪心施太多肥，以免造成反效果喔！

認識肥料

如果持續綠生活，一定會接觸到肥料，這是植物的補品，幫助生長或開花結果，認識肥料就成為重要的任務。

功能分類

- 氮肥：促進莖葉生長。
- 磷肥：助長開花結果。
- 鉀肥：幫助根部成長。

來源分類

- 有機肥：以有機物質製造，需要分解發酵。
- 化學肥：以化學方式合成調配。可快速吸收。

效果分類

- 速效：吸收快，需要常常補充。多為水溶液。
- 緩效：慢慢釋放，可維持一季到半年。多為顆粒或粉末狀。

施用時機分類

- 基肥：栽種前混入土壤中，會使用緩效的肥料。
- 追肥：生長時視需求狀況再給予的肥料。

型態分類

- 液態肥：本身是水溶液或者要溶解於水中使用，可澆入土中或噴灑葉面。
- 固態肥：如粉末或顆粒，大多為緩效肥。

每一種肥料都有多重身分，例如有機的氮肥粉末，做基肥使用，是緩效肥。或化學的氮肥水溶液，做為追肥使用，吸收速度快。

"圓滾飽滿，
吸引許多人的喜愛。"

我認識的第一種多肉植物，應該是石蓮花吧！那應該是年紀還很小的時候，當時還不知道有「多肉植物」這個家族的存在。後來才曉得，原來多肉植物是一種相同型態的植物總稱，雖然它們的莖葉都充滿著水分，大多都長得厚肥可愛，但它們分布在不同科中，例如景天科、大戟科、百合科、菊科、番杏科等。

懶人植物

深入園藝的世界，接觸到更多的多肉，常在花市被它們可愛的樣子引誘，總是會帶幾盆回家。我找書、看雜誌，參考各種資料，知道多肉植物很好照顧，加上怕溼耐乾的特質，不用常澆水，也不用施肥，不但有懶人植物稱號，而且似乎是越懶的人養得越好，於是遵守著「懶」字訣，我除了拿來做組合盆栽外，還開始自己繁殖一些小苗，感覺上玩得十分順利。

經過季節的變遷，後來才發現，多肉植物的好照顧，得在適合的環境下，環境中的溫度、日照、通風狀況都會影響「肉體健康」呀！所以，也有很多懶人買回家的多肉是會很快上天堂的，也知道哪些品種的多肉挑環境，買回去就是挑戰。

落地生根

不過，多肉植物的繁殖並不難，不妨多繁殖幾盆當備胎，大部分的多肉可以用葉插

多肉植物，是懶人植物，只要
環境合適，自己就能生長繁殖。

落下或斷掉的葉子會自己生根發芽。

的方式繁殖。摘下葉子，直接放置在乾的培養土上，不用刻意插入土中，不用澆水，它會仰賴葉片中的水分，過陣子就會生根發芽，長出一堆小多肉，此時就可以移到盆中，照一般方式養著。

有些多肉會直接在葉緣長出小苗，這些小苗掉落後就是一株新植物，不用費事就能擁有很多後代，只要擔心不要太氾濫即可。長太多時，為了不浪費，我會收集這些小苗，分送朋友。

我有一盆組合盆栽，裡面是大大小小不同品種的石蓮，放在戶外讓老天爺養著，讓它淋雨日晒。或許是本來就強健，或許是習慣了，一直長得很好，有的葉子掉落後，自己就長出小苗，讓盆中越來越豐富。後來發現在接近根部的莖旁，也會冒出子株，切下來等一天，讓傷口乾後，就可以插在土中生長；某天又發現葉間也冒出子株，看來繁殖力很強。有時植株長得太高，我會切一段下來扦插，而切掉的地方沒多久又會長出小苗，等較大後，又可以切下來繁殖……。

無論看多少專業書，也比不上自己動手種植後得到的經驗，有時夭折、有時生生不息，植物本身似乎才是我最好的老師，玩多肉的樂趣越來越多，欲罷不能。

嘗試一下只要放著就會生根發芽

多肉植物的繁殖很簡單，只要將葉子、側芽或支條放在土上就會生根發芽。看看附近是否有親友在種植仙肉，要一兩片葉片來體驗一下繁殖的喜悅。

摘下仙人掌的側芽。

剪下多肉的側芽。

剪下徒長的頂端。

放置一天等傷口乾。

放在土上，發根後再開始澆水。

長出新的幼芽，或生根茁壯。

豐富的組合盆栽，
像是個小世界。

過年過節時，常會組一盆應景的盆栽放在門口，就好像一個盆中小花園。對現代人而言，在都市裡擁有花園簡直是奢求，但如果將花園濃縮於花盆中，製作成組合盆栽，放置在陽台、案頭、窗邊、櫃台等處，彷彿也是美夢成真。曾經去假日市集中玩票性的賣過組合盆栽，是最早賣完的攤位，可見大家對於組合盆栽的喜愛。

組合盆栽與插花藝術類似，只是盆中放置帶有根的植株，可以長久栽培，並充滿生命力。譬如說開幕誌慶時請花店送來的蘭花組合，用組合盆栽的方式呈現富貴吉祥的寓意，這類將數種植物搭配種植在一個盆中的模式是典型的組合盆栽，不但增加美觀也提高價值感。當沒有空間能種很多盆植物時，我常建議朋友可以使用組合盆栽的方式，在一個盆中種植不同的種類，省空間也好照顧。一般人只要注意一些原則，也可以依照這種方式搭配出自己喜愛的盆栽。

盆器與土壤的選擇

做組合盆栽的盆子在材質上並沒有嚴格限制，但陶瓷盆一向是最好的選擇，無論是上了釉彩的瓷盆或素燒陶盆，都能呈現高雅的氣質；而馬口鐵、木質的盆子亦別具特色，有種鄉村風情。此外，也可以選擇玻璃瓶，在裡面裝水種上幾株水草，水生植物的組合盆栽讓人耳目一新。

除了盆子的材質外，最重要的是要注意盆器的開口不要太窄，這樣才好讓多種植物

只要是同類型的植物都
可以組成一盆。

曾經在市集中
客串賣小組合盆栽。

可以在一個平面中做搭配；而盆子的大小則視所要種植的植物與擺放空間大小而定。

如果是新手上路，建議使用底部有漏水孔的盆器，才不會讓植物過溼而死。若沒有孔洞的話，底部最好先放上一層粗石礫，盆器的水流到底層時會與土壤隔開，較可避免泡爛植物根部。很多人在室內種植植物時，不喜歡使用有底孔的盆器，但只要多注意觀察澆水時機與分量，成功機率還是很高的。

在土壤的選擇上，培養土幾乎是萬用，對於家裡植栽不多的人而言，準備一小包培養土就足夠應付各種狀況。如果有興趣多嘗試，可以到花市賣土的店家詢問各種土壤的特性，甚至多認識一些介質，例如珍珠石、發泡煉石等，養植花草時就可以搭配使用。

通常在室內栽種，使用乾淨的培養土最合適，透氣與透水性也比較好；如果種在室外，可以到花市購買山土與培養土混合的土壤，保水性較好，夏季時比較不用擔心水分散失太快。

選購植物的原則

由於要將數種植物種植在一個盆子中，未來也會生長在相同條件的環境裡，因此，所選擇的植物在特性上必須類似，最重要的是須考慮植物對於日照與水分的需求。譬如說要放置室內，整盆都選擇耐陰性較佳的室內植物；而如果想種多肉植物，就全部都挑水分需求類似的多肉植物，這樣澆水時才不會顧此失彼。

最簡單的方式是選擇同一類型的植物，就比較不會出錯。由於組合盆栽中每種植物使用分量並不多，購買三吋小盆的植物即可，花市中多半三或四盆一百元，非常划算。而家中牆角或其他植物盆中長有青苔或野生的花草，也可以入盆做搭配，不但免費，更能帶來不同的風情。

除了觀葉植物外，光線充足的陽台上，可以選擇草花來種植，搖曳生姿的大波斯菊、薰衣草，或者豔麗多彩的各色海棠、矮牽牛等，在花市中一百元可以買五到七盆，可保守地以同一色系不同花樣來搭配，或發揮創意挑選各色花朵混搭。買回來搭配組合後，立刻成為陽台上的視覺焦點，如經過施肥修剪好好照顧，最少可以持續美麗一個月的時間。

製作組合盆栽有時只需要少量多樣的品種，因此不妨邀約好友或者鄰居一起合作，這樣才可以購買多種植物分享，更經濟實惠；另由於組合盆栽簡單好種，也是一種很好的親子活動，不妨跟孩子們一起DIY。

多種組合，比單一式樣更豐富，還可利用道具增加主題性。

排列組合的原則

組合盆栽的栽種通常利用植物的色彩、姿態、高低層次來排列出不同的美感，讓小空間裡也能有各種植物可以觀賞，相對於單一品種更具欣賞價值，這就是組合盆栽的魅力。

排列時只要記住高大的植物放在中間，低矮的則分布在周圍；如果可以的話，再利用不同的顏色穿插點綴，組合一番。先在腦海中想像，然後在盆子中試著排列看看，可以將植物平均種在盆中，也可以鋪畫成一個庭園，或者營造不平衡的美感；可以花團錦簇，也可以一枝獨秀。決定好構圖後，在盆中組合就完成了。

此外，還可以利用一些小花插、小模型或石頭，放置在組合盆栽中點綴；或者嵌入燭台、薰香台等，賦予盆栽不同的功能。植物會不斷地成長，製作時可預留一些空間讓植物生長，然後期待一個月後會長成的模樣。

組合盆栽類型

組合盆栽可以將許多棵植物放在一起欣賞，也可以一起照顧，還可以創造獨特的風景。以下是各種類型的示範，找一種最適合自己的做做看。

一種花三種顏色　種植在一起

在花苗尚幼時，就將三個顏色一起栽培在盆中，慢慢長成的麗格海棠。

同類型不同種類　種植在一起

環境需求上類似的，可以混種在一盆中，待這些球根都發芽開花後，就有豐富的景觀。

一種花不同顏色　用套盆放在一起

即使不會種植也無妨，直接用一個套盆，把小盆的仙客來放入，也是一種組合。

蘭花下種植觀葉植物

利用觀葉植物，栽培在蘭花下，有修飾與陪襯的作用，整個盆栽感覺更豐富。

「散步與旅行，欣賞自己種不來的植物。」

小時候看見印著歐洲風景的月曆，都會一看再看，尤其對那妝點著花朵的房舍特別喜愛，當時根本不知道是因為植物讓房子有了生命，更不知道那些是什麼花？當漸漸接觸植物的世界後，才知道，大多數在歐洲人窗台盛開的花，原來是天竺葵。

植物世界四季不同

隨著年紀增長，欣賞的對象從月曆至街頭巷尾，像《家栽之人》漫畫中的主人翁一樣，一邊散步一邊欣賞路邊或人家院內的植物。當有能力出國旅行時，去歐洲看到了真實的景象，更感受植物在春夏秋冬明顯的變化。

大自然有其溝通的語言，植物有其獨特的感官，陽光溫度的刺激、溫差，甚至晝夜的長短，它們都能知曉，而發生了四季不同的回應，也帶給人們各種驚喜。於是，即使不親自蒔花養草，也可以經由資料去認識各種植物，透過欣賞而擁有綠生活。

我很貪心的又種植、又安排關於植物的旅行，如看看北部各地的花展，露營時順道認識高山植物，出國時去找花市、植物園參觀，或者逛逛真正的「花街柳巷」……，最後因為太想感受變化，就選了較方便的日本關西蒐集四季，分成好幾年去了許多次，為了賞梅、賞櫻、賞繡球花、賞楓。

雖然分階段完成，但每次的體驗都很值得，讓我不但體驗到植物本身的美，更感受到土地、氣候與文化所形成的氛圍，是如此地難以取代。理解了種植花木，不能總是效

延伸自己的綠色地圖，到各地欣賞四季不同的景致。

顰，而沒有屬於自己的妝容，否則便是「橘逾淮為枳」。旅行是能讓人成長的經歷，而大自然讓人頓悟，隨著邊走邊觀察的範圍越來越廣，收穫越來越豐富。

自然的慈悲與殘酷

所以賞花的收穫並不只是一張張的美麗留影，而是對生態的更加認識。例如賞櫻是春天的盛事，據說對於農業時代的人們而言，如果當年櫻花開放正常，有著風調雨順的吉兆，農穫才能豐盛。我在等著花開放時，漸漸理解這種說法，異常氣候，對植物的影響非常大，尤其是正要春耕的田中作物，因此也比一般人更多了一些擔憂。

現在，我還是常常在社區裡散步，知道哪個人家春天會冒出一排白色野百合；在曇花即將開放時，會每天繞去某家門口看看是否當晚會「一現」。春假過後，會抽空去碧潭邊拜訪那棵苦楝、去台大看流蘇，再去溫州街瞄一眼加羅林魚木……。這是我的植物巡禮。

雖然台灣四季如春，但仍能感受一些季節變化，當我想到馬來西亞網友說只有夏季的花可以種，新加坡的朋友羨慕我有許多球根花卉可以選擇時，我就很知足了。所以，在院子裡種著適合的植物，其他的就去他方欣賞吧。

TO DO

認識周遭的植物

從辦公室或家裡走出去看見的十種植物，是什麼？畫個簡單地圖，回想一下它們四季有沒有不同？認識後再搜尋資料詳細認識它們。

1. ____________ 5. ____________ 9. ____________

2. ____________ 6. ____________ 10. ____________

3. ____________ 7. ____________

4. ____________ 8. ____________

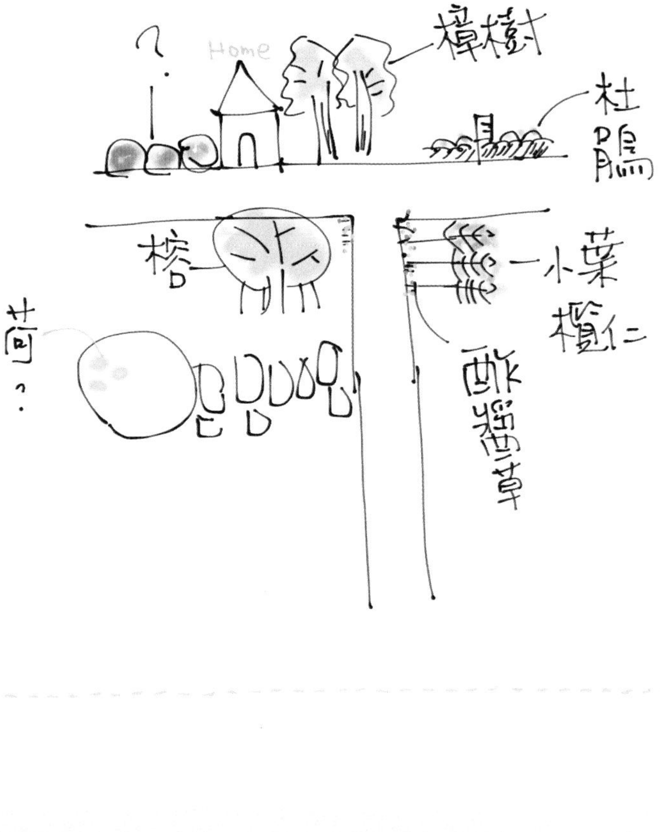

國家圖書館出版品預行編目資料

再忙也能有好生活：37個練習讓你找到生活好感
覺，掌握做好家事的技巧 / 葛晶瑩作. --
臺北市：商周出版：家庭傳媒城邦分公司發
行, 2016.05
　面；　公分. -- (ViewPoint ; 83)
　ISBN　978-986-477-013-7(平裝)

1.生活指導

177.2　　　　　　　　　　　　　　　105006305

ViewPoint 83

再忙也能有好生活
──37個練習讓你找到生活好感覺，掌握做好家事的技巧

作　　　　者／葛晶瑩
企 畫 選 書／黃靖卉、林淑華
責 任 編 輯／林淑華

版　　　　權／翁靜如、林心紅、吳亭儀
行 銷 業 務／張媖茜、黃崇華
總　編　輯／黃靖卉
總　經　理／彭之琬
發　行　人／何飛鵬
法 律 顧 問／台英國際商務法律事務所羅明通律師
出　　　版／商周出版
　　　　　　台北市104民生東路二段141號9樓
　　　　　　電話：(02) 25007008　傳真：(02)25007759
　　　　　　E-mail：bwp.service@cite.com.tw
發　　　行／英屬蓋曼群島商家庭傳媒股份有限公司城邦分公司
　　　　　　台北市中山區民生東路二段141號2樓
　　　　　　書虫客服服務專線：02-25007718；25007719
　　　　　　服務時間：週一至週五上午09:30-12:00；下午13:30-17:00
　　　　　　24小時傳真專線：02-25001990；25001991
　　　　　　劃撥帳號：19863813；戶名：書虫股份有限公司
　　　　　　讀者服務信箱：service@readingclub.com.tw
　　　　　　城邦讀書花園 www.cite.com.tw
香港發行所／城邦（香港）出版集團
　　　　　　香港灣仔駱克道193號東超商業中心1樓＿E-mail：hkcite@biznetvigator.com
　　　　　　電話：(852) 25086231　傳真：(852) 25789337
馬新發行所／城邦（馬新）出版集團【Cite (M) Sdn Bhd】
　　　　　　41, Jalan Radin Anum, Bandar Baru Sri Petaling, 57000 Kuala Lumpur, Malaysia.
　　　　　　電話：(603) 90578822　傳真：(603) 90576622

封 面 設 計／江孟達工作室
版 面 設 計／林曉涵
內 頁 排 版／林曉涵
印　　　刷／中原造像股份有限公司
經　銷　商／聯合發行股份有限公司
　　　　　　新北市231新店區寶橋路235巷6弄6號2樓
　　　　　　電話：(02) 2917-8022　傳真：(02)2911-0053

■2016年5月3日　　　　　　　　　　　　　Printed in Taiwan
定價350元